犀の角のようにただ独り歩め

——「スッタニパータ」

街場の日韓論

晶文社

装丁　佐藤直樹＋菊地昌隆（アジール）

まえがき

みなさん、こんにちは。内田樹です。今回は「日韓関係」をテーマにしてアンソロジーを編みました。その趣旨については、いつものように寄稿者への「寄稿ご依頼」の文章を掲げておきたいと思います。

みなさん、こんにちは。内田樹です。

僕から「みなさん」宛てのメールをこれまで受け取ったことのあるかたはただちにご理解頂けたと思いますけれど、今回もまたアンソロジーへの寄稿のご依頼です。

主題は「日韓関係」です。これがたぶんいまの日本において最も喫緊な論争的主題だと思います。この論件について、みなさんのお考えを伺いたいと思います。

いま日韓関係は僕が知る限り過去最悪です。もっと関係が悪かった時代もあるいは過去のどこかの時点にはあったのかも知れませんけれど、僕の記憶する限りはいまが最悪です。どうして「こんなこと」になったのか。それについて僕自身は誰からも納得のゆく説明を聞いた覚えがありません。

　メディアの報道を徴する限り、ことは韓国大法院の徴用工の補償請求への判決から始まったとされています。でも、もちろんこの判決が下るに至る日韓関係の長い前史があります。日本政府は１９６５年に問題の始点を区切って、「そこから」話を始めて、それ以前のことは「解決済み」として考慮に入れないという立場ですが、韓国の人たちはそれでは気持ちが片づかない。

　法理上のつじつまが合うことと、感情的に気持ちが片づくということは次元の違う話です。次元の違う話をごっちゃにしたまま力押しで押しても問題は絡まるばかりです。

　日韓の関係は昨日今日始まったものではありません。二千年にわたって深い関係を持ち続けた隣国同士です。だから、これは「問題」というよりは、ひとつの「答え」なんだと僕は思います。両国ともそれぞれの固有の筋を通しているうちに身動きできなくなったというのが「答え」です。ですから、僕としては、この「答え」をせめて「問題」のところにまで押し戻したいと思っています。

　わかりにくい喩《たと》えで申し訳ないんですけれども、「もう答えが出ちゃったよ」というときに、「すみませんが、そのちょっと手前の、『答えが出せないで悩んでいる』というところまで時間を遡《さかのぼ》って頂けませんか」という要請というのはあってもいいんじゃないかと僕は思います。

答えが出なくて悩むことのほうが、答えを出すより知的に生産的であるということは経験的にはよくあることです。同じように、当事者たちそれぞれが自信たっぷり理路整然と意見を語るときよりも、当事者たちのいずれもが自分の意見がうまくまとまらないというときの方が、対話的な環境が成り立つということもあります。

この問題について語っている人たちの言葉を徴する限り、どんな立場からのものであれ、「快刀乱麻を断つ」タイプの言説は無効のように思えます。それはその言説をあらかじめ支持する構えでいる人たち向けのアピールではあり得ても、それに同意していない人たちの警戒心を解除する力はない。

いまの日韓関係については、誰か賢い人に「正解を示してください」とお願いするよりも、忍耐強く、終わりなく対話を続けることのできる環境を整えることの方がむしろ優先するのではないでしょうか。クリアーカットであることを断念しても、立場を異にする人たちにも「取り付く島」を提供できるような言葉をこそ選択的に語るべきではないのか。

僕はそんなふうに考えています。

僕が寄稿を依頼するみなさんにお願いしたいのは、そういう面倒なお仕事です。

ご厄介をおかけしますけれど、僕はどなたにも「日韓問題を解決する秘策をご提示ください」とお願いしているわけではありません。

広く人口に膾炙《かいしゃ》したアントニオ猪木の名言に「ピンチっていうのは、ひとつのものじゃなくて、いろんなやっかいごとが『ダマ』になってやってくる。『ダマ』をひとつずつ解きほぐしていけば、ピンチは必ず乗り切れる」というものがあります。日韓関係は無数の紐が絡まって「ダマ」になった「ゴルディアスの結び目」のようなものです。アレクサンドロス大王はこの結び目を剣で一刀両断にして難問を解決したのですが、僕がお願いしたいのは、そうではなくて、無数の「結び目」のうちの一つだけでもいいですから、結び目の構造を明らかにして、かなうならば「ここは、こうやるとほどけるかも知れない」という知恵をご教示頂きたいということです。

寄稿をお願いするのは、必ずしも日韓問題の専門家ではありませんが、僕がその見識に深い敬意を抱いている方たちです。みなさんのご協力を拝してお願い申し上げます。


以上が、僕が十数名の方に発送した「寄稿のお願い」です。これだけお読み頂ければ、本書の企図がどういうものであるかはみなさんにもご理解頂けたかと思います。

「お願い」の中に明記してある通り、これは難問の解法を示す本ではありません。いくつかの「取り付く島」を例示することができれば、僕としてはこの本を編んだ甲斐はあったと思います。そして、実際に集まった原稿を通覧した限り、寄稿者のみなさんは、それぞれがご自身の領域において熟知されている「結び目」を、それぞれの仕方で解きほぐそうとして下さいました。微志をご諒察頂きましたことに、寄稿者のみなさんに編者として篤くお礼を申し上げます。

年を取ってからだんだん「答えを出す」ということに興味がなくなってきました。正否はいずれにありやと切り立て合うよりは、双方ともが「これは軽々には解けそうもない問題だ」と覚悟を決めて、渋茶でも啜《すす》りながら、小さくため息をついて、ぼんやり庭を眺めるくらいの構えから始めた方が、話が前に進むような気がするのです。困った者同士が、ぼんやり同じ庭を眺めながら、「木瓜《ぼけ》が咲いてきましたねえ」「そうですなあ」とか頷き合って、少しの間「非人情の天地に逍遥」するくらいの方が、結果的に相互理解は深まるのではないか、と。

困ったときには素直に困る。わからないときは「わからない」と正直に言う。うまくことが運ばないときにはしょんぼりする。その方が知力体力ともに働きがよくなるということは長く生きてきてわかったことの一つです。別に逆説でもなんでもなく、ほんとうの話です。

例えば、「しょんぼりする」と胸が落ちて、肩の力が抜けて、体重が両足裏にきれいに乗って、下丹田に気持ちがまとまる。つまり武道的に言うと「強いかたち」になる。

武道的な「強さ」というのは単に「構造的に安定している」というだけのことではなく、

同時に「自由度が高い」ということでなければなりません。

自由度が高いと、次にどんな環境的な入力があっても、それに即応して、そのつどの最適解を選択できる（ことがある）からです。

ですから、僕は困ったときには「適度にしょんぼりする」ことにしています。「適度に」というところにそれなりの知恵と工夫が要るわけですけれども、とりあえず、楽観と悲観の中間くらいのところで揺曳《ようえい》していると、思いがけない活路が見えてきたりする。

日韓問題は「軽々には解けそうもない問題」です。

そういうときには、無力感に苛《さいな》まれてへたり込むのもよくないし、逆に「これで一気呵成《いっきかせい》に解決」というような万能の解を探し求めるのもよくない。それより「これ、たいへんな難問です」と問題の下にアンダーラインを引いて、しばらくじっと眺めている方がおのれ自身の知的成熟に資する。そういうものだと思います。

難問に答えが出せないのは「自分がそれほど賢くないからだ」ということを認めて、その上で、自分がその答えが出せるくらいに賢くなるまで待つ。一生かけてもそこまで賢くなることがなければ（たぶんないと思いますが）、それでいいじゃないですか。一寸でも五分でも前に這い進んで、最後に前のめりに泥の中に顔をつっこんで息絶えました……ということでも僕はとくに悔いはありません。なにしろ、日韓関係は二千年来の歴史があり、近代に限っても、江華島事件以来150年にわたって、もつれにもつれてきたんですから、「私の代で決着をつける」というようなことができるはずがないし、望むべきでもない。

僕個人としては、何人かの韓国の友人たちとのかかわりを通じて韓国を理解し、僕を通じて日本を理解してもらうというささやかな足場を手作りすること以上のことはできません。でも、それでいいと思っています。国と国のかかわりを構築するのは集団の営為です。個人にできることはわずかです。でも、その「わずか」の累積としてしか集団の営為は成り立たない。僕は僕の煉瓦を積む。他の人たちもそれぞれにその煉瓦を積む。何十年か、あるいは何百年か経つうちに、その煉瓦の重なりが壮麗な大廈高楼《たいかこうろう》になっているかも知れないし、廃屋になって土に還っているかも知れない。先のことはわかりません。僕個人としては、日韓両国の間の原っぱにぽつんと建っていて、通りすがりの人が自由に出入りできる飾り気のない「あずまや」のようなものができていたら、それが一番いいような気がします。

今回の論集にはぜひ韓国の方にもご寄稿願いたかったのですが、残念ながら、編者からご寄稿をお願いしたお二人ともにそれぞれのご事情で執筆がかないませんでした。

小説を除くと、現代の韓国人知識人で、その著作が次々と日本語訳されているという方はいません。ですから、論争的な事案について、「あの人はこれについてどう言っているだろう?」と訊ねることのできる定点観測的な方を僕は存じ上げないのです（「韓国の養老孟司」とか「韓国の司馬遼太郎」とか「韓国の鶴見俊輔」のような方がいて、何かある度にその卓見を伺うことができたら、どれほど僕の心は安らぐことでしょう）。

その点については、自分の無力をほんとうに残念に思っています。もし、次にもう一度日韓論について編む企画があったら、そのときにはぜひ韓国の言論事情に詳しい方に人選を託したいと思っています。

最後になりましたけれど、本書の企画を立て、笑顔で叱咤してくださった晶文社の安藤聡さんの雅量と寛容に、そして、寄稿して下さった皆さんのご厚意とご尽力に、改めて深く感謝申し上げます。お忙しい中、ほんとうにありがとうございました。

この本が日韓の相互理解のための一石になることを衷心より願っております。

２０２０年３月

内田樹

街場の日韓論　目次

まえがき——内田樹 005
二人の朴先生のこと——内田樹 017
私が大学で教えている事柄の断片——平田オリザ 043
歴史意識の衝突とその超克——白井聡 063
韓国は信頼できる友好国となりえるか?——渡邊隆 089
隣国を見る視点——中田考 107

炎上案件に手を出す者は、必ずや己の身を焦がすことになる——小田嶋隆 133
東アジア共同体をめぐる、ひとつの提言——鳩山友紀夫 153
韓国のことを知らない日本人とその理由——山崎雅弘 173
植民地支配の違法性を考える——松竹伸幸 193
卵はすでに温められている——伊地知紀子 217
見えない関係が見え始めたとき——平川克美 241

二人の朴先生のこと

内田樹

内田樹（うちだ・たつる）

１９５０年生まれ。東京大学文学部仏文科卒業。東京都立大学大学院博士課程中退。凱風館館長。神戸女学院大学文学部名誉教授。専門はフランス現代思想、映画論、武道論。著書に『ためらいの倫理学』（角川文庫）、『「おじさん」的思考』『街場の憂国論』（共に晶文社）、『先生はえらい』（ちくまプリマー新書）、『街場の戦争論』（ミシマ社）、『困難な成熟』（夜間飛行）、『困難な結婚』（アルテスパブリッシング）、『そのうちなんとかなるだろう』（マガジンハウス）、『生きづらさについて考える』（毎日新聞出版）、編著に『転換期を生きるきみたちへ』『街場の平成論』（共に晶文社）、共著に『しょぼい生活革命』（晶文社）など多数。『私家版・ユダヤ文化論』（文春新書）で第６回小林秀雄賞、『日本辺境論』（新潮新書）で新書大賞２０１０受賞。第３回伊丹十三賞受賞。

物見遊山では行けない講演旅行

二人の韓国の友人のことを記そうと思う。朴聖焌《パクソンジュン》先生と朴東燮《パクドンソプ》先生のお二人である。どういう経緯でこの方たちと知り合うことになったのか、その出会いで私が何を学んだのか。それについて話したい。たぶん、それだけで一つの短い「韓国論」になるのではないかと思う。

2012年の8月に私は韓国に講演旅行をすることになった。それが私にとって二度目の韓国訪問だった。

その前に一度だけ大学在職中に、ゼミ旅行で学生たちとソウルを訪れたことがあった。ごく短い滞在で、韓国人男性と結婚してソウルにいた卒業生に会った時に、ご夫君が年長者である私に対して過剰なほど礼儀正しくふるまうことと、ソウルの大通りに横断歩道がなかったこと（防空壕を兼ねた地下通路がある）に驚かされた。儒教の国だということと臨戦態勢だということを思い知らされた。

一度目の訪韓から10年近く経った2012年の春に、知らない韓国の男性から国際電話がかかってきた。聴き取りにくい英語での自己紹介によると、ソウルでオルタナティヴ・スクールを主宰している人だという。今度、日本に留学している息子に会いに行くので、神戸でお会いできないかと言う。

「あなたの書いた本を読んで、繰り返し膝を打ちました。膝を打ち過ぎて、膝が痛くなりました」というのを聴いて、「いい人だな」と思った。「いつでもどうぞ」と答えた。

私の書いた本というのは『下流志向』のことである。その少し前に韓国語に翻訳されていたのである。

しばらくして、その方（この人も朴さんだった）と日本の大学に留学中のご子息のソルバロ君と、当時は新羅大学の教員であった朴東燮先生が神戸の凱風館を訪れた。全員朴さんである。

ソルバロ君と朴東燮先生は流暢な日本語を話したので意思疎通に問題はなかった。

彼らの訪問の趣旨は絶版になっている『下流志向』の韓国語新訳を出したいので許可して欲しいということと、ソウルに来て講演をして欲しいということだった。

そう言われても、よく意味がわからなかった。

私の本の熱心な読者たちが韓国にいて、著者の顔を見て、話を聴きたいと言っているという。そんなこと言われてもにわかには信じられない。

『下流志向』が韓国語訳で出たことは知らされていた。ソウルに留学中の院生がネットに出たレビューを翻訳して、メールで知らせてくれた。「なかなか面白い」という人もいたし、「見るべき知見はない」と切り捨てる人もいた。それほど売れずに、絶版になった。すっかり忘れた頃になって、もう一度本を出したい、韓国に来て欲しいという。小さな出版社が私の本の出版に意欲的だと教えてくれた。そう言えば、タンポポという名前の出版社の金さんという人から、少し前にちょっと不思議な日本語で書かれたメールが届いていた。

「内田先生、初めてご挨拶申し上げます。私はタンポポという出版社で働く金敬玉《キムギョンオク》。タンポポは、サイズは小さいが考えとビジョンは大きい出版社です。

1990年代後半、韓国社会は新たなパラダイムの社会建設のための夢を見始めました。今までとは異なる基準と価値観、新しい方法で世界を変えていかなければならないという考えを持った人々が自分の場所で、さまざまな流れを作り出し始めたのもまさにその頃です。その中でも、教育を今の学校という教育システムではなく、他のパラダイムに解放されていこうという人々が集まって作った出版社がタンポポです。韓国社会でそのような動きを紹介したり、ネットワークをしたり、新しい談論を提案しました。

タンポポで出した本を読んで一緒に勉強しているグループがあり、そのグループの人々が今熱心に話交わしているのが内田先生の言葉です。

私も先生が書かれた文を注意深く読み、また最近ではブログを訪ねて文を読んでも今す。韓国社会で新たな夢を見ている人たちと共有したい内容でした。『下流志向』という本をタンポポの読者たちは、特に共感して熱心に読んでいます。ところが、その本を出した出版社ではすでに本を絶版させたはずで入手が容易ではありません。まず、この本をタンポポに出すことが急務という考えをしています。」

金さんのこの心温まるメールと、遠路神戸までお越しになった三人の朴さんの熱意にほだされて、その場で８月にソウルにうかがうことに話が決まった。

「行きます」と返事はしたものの、いったい、韓国の人たちが私に何を期待しているのかがよくわからない。従軍慰安婦問題をはじめとする問題で日韓のナショナリストたちのやりとりする言葉がしだいに激しさを増してきた時期のことである。物見遊山気分で行くことはできないと思った。

その後、旅行日程の打ち合わせのために金さんとメールのやりとりをしたらタンポポ、ガラパゴスという二つの出版社の他に、ギルダム書院という市民団体も私の招聘にかかわっていると教えていただいた。ギルダム書院の主宰者が朴聖焌先生である。

金さんはこんなふうに朴先生を紹介してくれた。


「ギルダム書院という人文学の勉強会があります。特にここの座長であられる朴聖焌先生が内田先生を待っています。

朴聖焌先生は１９７０年代の朴正《パクチョン》熙《ヒ》軍事独裁政権下で民主化運動をなさって長い年月刑務所生活をしました。出獄後、大学で講義をしたりしました。また人文学の学習運動の必要性を痛感し、２００６年ギルダム書院を作りました。ギルダムという名前は、内田先生の

『街場』のような意味で私は理解しています。朴聖焌先生は70代半ばの年齢にもかかわらず、書院で大衆と熱心にコミュニケーションし、世の中の変化のために活動してます。数年前に内田先生の本を偶然書店で出会った後、その研究に邁進したそうです。」

民主化運動の闘士で、長く獄中にあったような硬骨の知識人が私のような人間に何の用事があるのだろうか。何かすごく勘違いをされているのではないかと不安になった。行けばわかる。そう思って、飛行機に乗った。

初めての韓国の友人

仁川空港には金さんご夫妻と朴聖焌先生が私を迎えに来てくれていた。朴先生は長身痩軀の老紳士だった。強い力で私の手を握って、「お会いしたかった」と笑顔で言った。カフェに座ると挨拶をする間もなく、先生はご自分のキャリーバッグを引き寄せて、そこから私の本を取り出してテーブルに積み上げた。20冊くらいあった。どれにも付箋が貼り込まれていて、何冊かは表紙がめくれるほど読み込まれていた。

朴先生が私の本をここまで「研究」するというのは、いったいどうしてなのか。この方たちは、いったい私が何を語ることを期待して招聘されたのか。わからない。頭の上に疑問符を点じたまま、ソウルで二度講演をすることになった。

その時点で、韓国では私の本は『下流志向』しか出ていなかった。だから、講演のテーマも「教育について」という漠然としたものになった。けれども、私は韓国の教育現場の実情についても、教育をめぐる喫緊の論争的トピックについても、何も知らない。そんな人間がふらりとやってきて、日本のことを素材にして、「学校教育の問題点はこうである。だから、かくあるべき」というような話をして、伝わるだろうか。招待された勢いで、何の下調べもしないで、つい韓国に来てしまったが、人々の私に寄せる関心にはやはりどうしても得心がゆかない。

私はまったく謙虚な人間ではないけれど、自分の見識には国際共通性があると思い上がるほど不遜ではない。私の自己評価が正確なら、韓国の人たちは私について実像と隔たること遠い過大な期待を抱いている。ということは、講演旅行が終わる頃には、私を招いた方々の熱も冷めて、「なんだか人選を間違ったようだな」というアンチクライマックスな旅の終わりを迎える確率が高い。だとすると、韓国の人たちを前に自分の思いを語るこれが生涯最後の機会になる。それならそれで、悔いを残さないように、今思っていることをそのままストレートに言おう。そう腹を括ったら、少し気が楽になった。

ソウルでの三日間はあっという間に終わり、最終日の午後にカフェで朴聖焌先生と珈琲を喫した。その時に朴先生が「腕相撲をしよう」と言い出した。「私は強いんだ」と言って笑う。懲役15年の刑を受け、13年と半年後に民主化のおかげで出獄した後に渡米して、大学で神学博士号をとってきた人である。ほっそりしているけれど、たぶん人並の体力ではないのだろう。それではと言うので、机の上のものを片付けて、腕を組んだ。たしかにしっかりした腕だけれど、こちらは現役の武道家であるから、朴先生の手をなんなく抑え込んだ。先生の眼に驚きの色が浮かんで、「もう一度」と言う。もう一度抑え込んだら、破顔一笑して、「やはり強いね」と言った。そして、店を出る時に強い力で私の身体をしっかり抱きしめた。私のことを「友人」として認知したと伝える力強いハグだった。朴聖焌先生はこうして私にとって「生涯最初の韓国の友人」になった。

つなげてくれたのはレヴィナス

朴聖焌先生と私をつないでくれたのはエマニュエル・レヴィナスだった。翌年に朴先生がギルダム書院のメンバーたちを引率して神戸の凱風館を来訪してくれた時にそのことを知った。

朴先生はキリスト者として生き、神学を研究し、伝道活動にも携わってきた。けれども、70歳に近づいた頃、「自分にはほんとうに信仰があるのか」を自問し、「ある」と言い切れないという気がした。はたして、信仰の支援なしでも人はなお倫理的に生きることが可能だろうか？

そのような問いをめぐって思索している時に先生はレヴィナスに出会った。正確にはレヴィナスという「名前」に出会った。

レヴィナスの主著は韓国語に訳されていない。オランダに留学していたある韓国人研究者の論文にレヴィナスについての言及があり、それを一読して、朴先生は「この人の本を読みたい」と思ったのである。

朴先生は日本語も堪能なので、レヴィナスについて書かれた日本語の文献も探し始めた。そして、偶然私の著書に出会ったのである。『レヴィナスと愛の現象学』を読んで、朴先生は「信仰の支援なしでも、イデオロギーの支援なしでも、人は倫理的に生きることはできるか？」という問いに導かれてレヴィナス研究に踏み込んだ研究者が日本にもいることを知ったのである。

レヴィナスの護教論は、「もし神がその名にふさわしい威徳を備えているなら、神は神の支援抜きでこの世界を人間的なものたらしめるだけ霊的に成熟した人間を創造されたはずだ」というロジックで神の存在を基礎づけるものである。世界を人間が住むに値するものにするのは人間の仕事であって、神の仕事ではない。神の支援なしでも倫理的に生きることのできる人間が存在するということが創造の奇跡なのだ。

「唯一なる神に至る道程には神なき宿駅がある」とレヴィナスは書く。人間はその旅程を歩まなければならない。「神なき宿駅」をたどる旅が安全で快適なものであるはずがない。その旅程を歩むものは受難を避けることができない。

「秩序なき世界、すなわち善が勝利しえない世界における犠牲者の位置を受難と呼ぶ。この受難が、いかなるかたちであれ、救い主として顕現することを拒み、地上的不正の責任を一身に引き受けることのできる人間の完全なる成熟をこそ要求する神を開示するのである。」

このレヴィナス『困難な自由』の一節を朴先生はおそらく深い感動をもって読んだだろうと思う。朴先生自身がまさに「神なき宿駅」をたどった「受難者」だったからである。

朴先生を13年半獄舎に投じたのは先生の同国人たちである。先生が戦前の日本の改造社版の「マルクス＝エンゲルス全集」を所持していたことを咎めた人たちは、マルクス主義がどんな思想であるのかを知らなかった。朴先生自身も知らなかった。その書物を手に入れたのはマルクス主義というのはどういう思想かを知りたかったからである。

若い学究の知的好奇心に非人間的な罰を与えたのは先生の同国人である。先生と同じ言葉を話し、同じように祖国を愛し、家族を愛し、勤勉に職務に励む人たちであった。先生の受難は「韓国人が韓国人に対して犯した罪」である。それを正す責任を他の誰かに求めることはできない。この国を生きるに値する国にするのは私の責務である。おそらく朴先生は獄中にあって「受難者」としてそう考えられたのではないかと思う。その決意と、そして出獄後の長きにわたる民主化闘争での経験が、朴聖焌先生の相貌に独特の深みを与えた。

絶望と期待を知っている人

そう思ったのは、日本にはもうそういう相貌の人がいなくなってしまったからである。

１９９０年代までなら、トラウマ的な経験を抱え込み、人間に対する絶望と期待をあわせて抱え込んだ戦中派の人たちが私たちの周りにはいた。

私の岳父は戦前の共産党員で、逮捕され、築地警察署で凄惨な拷問を受けた経験を持っていた。私の父は北京で宣撫工作に従事していて、父の中国人の友人たちは戦争が終わった後に「対日協力者」として処刑された。

人間がある種の状況で、どれほど残忍であったり、非道であったり、理不尽であったりできるか、逆にどれほど高潔であったり、思いやりが深かったり、論理的であったりできるか、それを父たちの世代の人たちは個人的経験を通じて知っていた。それによって知的な深みを獲得した人がいた（そうでない人もいた）。

でも、そういう人はもう今の日本社会にはいない。例えば、戦争について「お国のために命を投げ出す」「血を流す覚悟」というような言葉を軽々と口にする政治家や政論家はいくらもいるが、その言葉のたしかさをおのれの行動によって裏書きしてみせた者はいない。激烈な権力批判の言葉を口にする者はいくらもいるが、投獄されても、拷問されてもなお信念をまげることがなかったという履歴によっておのれの言葉の重さを担保できる者はいない。

実際にそういう事態になれば、「身体を張って、言葉を守る」人がきっと出て来るだろう。誰が「ほんもの」で、誰が「にせもの」だったかは、その時にわかる。でも、それまではわからない。私自身についてもわからない。仮に私が思想犯として懲役15年の判決を聞いた時に、それを冷静に受け止めることができるだろうか。獄中の生活を学びに捧げることができるだろうか。出獄後も朴先生のように背筋をまっすぐ伸ばして、笑顔で生きることができるかどうか。今の私には答えることができない。だから、朴先生に対してはただ真率な敬意を抱くしかないのである。

国内では得られない知見

もう一人の朴先生、朴東燮《パクドンソプ》先生は神戸に会いに来た三人の朴さんのうちのお一人である。最初にお会いした時には新羅大学の先生だった（その後、大学を辞めて「独立研究者」になった）。

最初にお会いしたのは、岡山で開かれた心理学の学会だそうである（私は忘れていた）。私はそこで講演をしたのだが、講演後に学会に来ていた朴東燮先生にトイレで話しかけられた。あまりに流暢な日本語だったので、韓国から来た人だとは思わなかった。凱風館に「三人の朴さん」のひとりとしてお見えになったのはそれより少し後のことである。

2012年の最初の韓国行きの翌年、朴先生が2013年に釜山での講演会を単独で主催してくれた。「単独で」というのは彼個人で私の旅費や謝礼や会場設営に要する全費用を負担したということである。その時はそんな裏事情は知らなかった。ずいぶん無茶なことをしたものである。

二度目の訪韓だし、その時には、少しずつ私の他の本の韓国語訳も出始めていたので、最初の時よりはいくぶんか精神的には余裕を持てた。それでも、朴先生が私に対して個人的に寄せる期待の高さにはうまく対応できなかった。なにしろ彼は私の書いた本は全部読んでおり、それどころか、過去にネットに公開したものも全部読んでいるのである。だから、彼の通訳では私がまだしゃべっていないことを「フライング」で話してしまうことがよくあった。内田の場合、この話題が出たら次はこの話をするな、という流れを先刻ご承知なのである。それどころか、私自身が書いたことを覚えていないようなことまで教えてくれる。「私は内田樹自身より内田樹に詳しい研究家です」と言って笑う。そうだろうと思う。そんな酔狂な人が彼の他にいるはずがない。

さすがに朴東燮先生がこれだけ打ち込んでくれると、「この人たちは何か大きな勘違いをしているのではないか」とはもう思わなくなった。

私はこう考えた。おそらく韓国の読者たちにとって、自国内では調達できない種類の知見というものが存在しているのだ。そして、どうやら私はそれを提供できる比較的例外的な日本人らしい。私の著作は、今この原稿を書いている時点で、26冊韓国語訳されている。これは「異常」な数だと思う。

逆を考えればわかる。もし、一人の韓国人の思想家の著作が短期間にそれだけ日本語訳されていたら、どう思うだろう。私なら「異常だ」と思う。そして、それは「この人」の書くようなことを書く日本人の書き手がたいへんに少ないからだろうと推論する。自国内で用を弁ずることができるなら翻訳するには及ばないからである。

では、韓国の読者たちが「自国内では調達できない種類の知見」というようなものがもしあるとして、それはいったい何なのか?

マルクス主義の受容

手がかりになったのは、私の著書のうち『寝ながら学べる構造主義』と石川康宏さんとの共著『若者よ、マルクスを読もう』が比較的早くに韓国語訳されたことである。

いずれも日本の中学生高校生を読者に想定して書かれた、構造主義とマルクス主義の入門的概説書である。ふつう、外国人が自国の中学生高校生向きに書いた入門的概説書は翻訳されたりしない。そんな手間をかけなくても、「そういうことを書ける人」が国内にいくらもいるからである。しかし、それが翻訳されるということは、「そういうことを書ける人」が韓国内にはいないということである。はたして、そんなことはあり得るのか。

あり得ると思う。

それは韓国には戦前日本の治安維持法に類する国家保安法という法律が今も存在するからである。

1948年の大韓民国建国直後に制定されたこの法律は北朝鮮と共産主義を賛美する行為及びその兆候を取り締まりの対象としている。李承晩《イスンマン》大統領が南朝鮮労働党や左翼勢力を一掃するために制定した（朴聖焌先生はこの法律によって投獄されたのである）。いくどか改定された後、1980年に全斗煥《チョンドゥファン》政権が従来の反共法をこれに統合して、ほとんどあらゆる反政府的な動きを弾圧できるようになり、実際に濫用された。

1987年の民主化以後、南北統一機運の高まりにつれて、国内における人権抑圧の法的根拠であった国家保安法の廃棄・改定に対する市民たちからの要求の声が高まったけれども、議会内で保守派が強硬に抵抗しているせいで、今日にいたるまで廃棄されていない。だから、現在でも韓国内でマルクス主義を賛美する行為は処罰の対象となり得るのである。

この事情を知らないと、韓国内における社会科学系の言説の形成がどういう禁忌や抑制にさらされているのかがわからない。

マルクス主義の受容において、日韓では大きな、信じられないほど大きな差がある。

私たちはふだんそのことを意識していない。おそらく、「日韓を反共の砦とする」というアメリカの東西冷戦時の単純なスキームに慣れ過ぎたせいだ。私たちは日本も韓国も、支配層は等しく「マルクス主義に対して敵対的」であり、人々はそのような抑圧の下で思考し、発言してきたと思い込んでいる。だが、それは違う。自分の経験を他人に過剰適用してはいけない。マルクス主義が受けた「抑圧」の質が日韓では違うのである。

日本では、明治維新の後、近代化を急ぐ明治政府によっても、またそれに抗う自由民権運動によっても、欧米の政治理論は旺盛な消化力を駆使して取り込まれてきた。『資本論』の最初の日本語訳は1909年に安部磯雄によってなされたが、マルクス死後わずか四半世紀後のことである。戦前日本のマルクス主義学生運動の拠点であった東大新人会の創建は1921年。日本共産党の創建は1922年である。日本共産党はインドネシア共産党（1920年）、中国共産党（1921年）と並ぶ東アジアの「老舗」なのである。

1925年制定の治安維持法下で、戦前戦中にマルクス主義者たちは暴力的な弾圧を受けたが、それでも日本におけるマルクス主義の運動と研究は途絶えなかった。

私のような門外漢が訳知り顔をして『若者よ、マルクスを読もう』というような入門書を書くことができるのは、日本社会に長く厚みのあるマルクス主義の運動と研究の「伝統」が存在しているからである。

1950年生まれの私たちの世代は「一般教養」として高校生の頃から当然のようにマルクスを読んできたし、そのロジックもレトリックにもなじんでいる。教科書に出ている古典の文言を引用するように、私たちは「ここがロドスだ、ここで跳べ」とか「一度目は悲劇、二度目は笑劇」というようなマルクスのフレーズを引く。たぶん、そういうことができる人は韓国にはきわめて少ないと思う。いや、それらの言葉を知っている知識人はいるだろうが、それを自分の文章の中に引用してみても、それが何の引用かが「わかる」という読者はそう多くないだろう。

もちろん朝鮮半島にもかつて共産党は存在した。ロシア革命後の１９２２年に結党された高麗共産党を母体に、25年には朝鮮共産党が結党された。治安維持法下の植民地での活動であるから、当然、日本官憲によって徹底的な弾圧を受けることになった。それでも上海やシベリアに拠点を分散させて、戦前戦中を通じて党組織を維持してきたのである。

そして、大戦後の１９４５年に党は再建された。しかし、それまでの活動拠点と支援している外国の違いによって、延安派、ソ連派、満州派、国内派などに分裂してヘゲモニー闘争が展開した。そして、南北で統一した党組織をめざす一派と、ソ連統治下の北部に独立した党を立てようとする一派の抗争の後、党は南北に分裂し、それぞれが「労働党」を名乗ることになった。１９４９年に、南朝鮮労働党は北朝鮮労働党に吸収合併され、半島における共産主義勢力は金日成《キムイルソン》の指導する朝鮮労働党に一元化された。こうして、朝鮮半島は共産主義を国是とする国とマルクス主義者が法理上存在してはならない国に分裂したのである。

高麗共産党以来の党史は、１９１９年の三・一独立運動以来、日本官憲による弾圧、米軍による弾圧、韓国政府による弾圧と息つく暇のない、血なまぐさい受難の記録で埋め尽くされている。何よりも朝鮮半島におけるマルクス主義の不幸は、最終的に金日成が延安派、ソ連派、満州派、国内派のすべてを粛清して、個人崇拝に基づく彼の「王国」を建設してしまったことである。

多くの朝鮮人労働者・学生・知識人がその人生を捧げ、投獄や拷問の苦痛に耐え、生命がけで受け継いできた朝鮮半島におけるマルクス主義運動30年の苦闘の到達点が北朝鮮だったという事実は、人々のマルクスを読むインセンティヴを大きく損なったと思う。

だが、マルクスの書物を読むインセンティヴが欠落しているということはそれだけでは済まされない。マルクスやエンゲルスやレーニンについての書物的知識が欠如していると、20世紀のヨーロッパ思想の多くについて、理解が困難なものとなるからである。

例えば、私の専門である20世紀のフランス思想は、マルクス抜きで理解することが難しい。アンドレ・ブルトン、ジャン＝ポール・サルトル、モーリス・メルロー＝ポンティ、アルベール・カミュ、クロード・レヴィ＝ストロース、ロラン・バルト……といった人たちはみな一時期マルクス主義の思想と運動に何らかのかたちでコミットした。彼らの多くは最終的には党の硬直性やあるいは過激派の暴力性に失望して運動から離れたが、マルクスとの出会いの経験は間違いなく彼らのものの考え方に決定的な影響を及ぼした。

私の師匠であるエマニュエル・レヴィナスはかつて「私はマルクシスト（marxiste）ではな

く、マルクシアン（marxien）である」と語ったことがある。「それはどういう意味ですか？」と訊ねると、レヴィナス先生は「マルクスの思想をマルクスの用語で語るのが『マルクシスト』であり、マルクスの思想を自分の言葉で語るのが『マルクシアン』だ」という個人的な定義を教えてくれた。

マルクス主義の運動や組織を離れた後も「マルクシアン」であり続けた人はヨーロッパには多く存在したのだと思う（レヴィナスはマルクス主義の運動にコミットしたことはなかったが、マルクス主義者たちの理想に対しては控えめな敬意を抱いていた）。

ある国におけるマルクス主義の受容の深度は「マルクシアン」という層がどれほど国民のうちに存在するかによって計量できるのではないかと私は考えている。個人的な思いつきだから、一般性を要求する気はないが、何となくそんな気がする。

例えば、中国には「マルクシスト」を名乗る人は多数いるが、「マルクシアン」はほとんどいない（と思う）。マルクスをどう読み、どう解釈するかの権限が専一的に中国共産党に属しており、国民が自由な仕方でマルクスを読み、その思想を自分の言葉で言い換えることにつよい抑制がある社会に「マルクシアン」は生まれようがない。それはベトナム共産党独裁のベトナムでも事情は変わらないだろう。また、かつてクメール・ルージュが大量粛清を行ったカンボジアや、逆に共産党員が大量粛清されたインドネシア、共産党が「国際テロ組織」認定されているフィリピンでは、「マルクシスト」や「マルクシアン」という名乗りをなすこと自体が身体的な危険を意味している。

ということは、今の東アジアで「マルクスを自由に読み、自由に解釈する」ことができる国というのはきわめて限定されているということである。１００年の運動と研究の蓄積を持っている日本はこの件については実は東アジアではほぼ唯一の例外なのである。

日本特異論者は「四季」とか「おもてなし」とか、いろいろなものを自慢するが、寡聞にして「日本はマルクス受容の深度において卓越している」という事実を「日本スゴイ」のリストにあげる人のあることを知らない。でも、そうなのである。

私は『寝ながら学べる構造主義』や『若者よ、マルクスを読もう』や『私家版・ユダヤ文化論』の韓国語訳が立て続けに出た時に、どうして「こんな本」に対する需要が韓国に存在するのか頭を悩ましたあげくに、それは「私がマルクシアンであるから」という説明を得て、とりあえず納得した。韓国にも「北朝鮮を賛美する共産主義者」はいるだろう。けれども、「北朝鮮を賛美しないけれど、マルクスの知見に深い敬意を持つ人（私はそうである）」には居場所がないのである。そして、「そういうもの」がなくては済まされないということに韓国の人たちは気づきつつあるのだと思う。

人文・社会科学における40年の空白

朴東燮先生は過去7年間、私の韓国における講演のすべてで通訳をしているばかりか、私の本をすでに20冊ほど韓国語訳してくれている。自ら Tatsuruian と称するこの篤学の独立研究者の超人的な仕事ぶりがなければ、私の本がこれほど韓国で読まれるようなことにはなっていないだろう。その点についてはほんとうに感謝する以外にないのだが、それでも私の業績に対する彼の評価の高さは時々私を落ち着きのない気持ちにさせる。しかし、それは私がマルクシアンであるという補助線を引くと少し納得できるのである。

現代韓国の知識人は、1945年の「解放」から1987年の民主化までの40年間、マルクス主義に涵養された欧米の社会学系諸学にリアルタイムでは接触した経験がない。つまり、ルカーチのマルクス主義、フランツ・ファノンの民族解放論、サルトルの実存主義、バルトの記号論、フーコーの知の考古学、レヴィ=ストロースの構造人類学、ラカン派精神分析、レヴィナスの他者論、デリダの脱構築……などの知見がにぎやかに知のパラダイムを形成していたまさにその時期に、国家保安法下にある韓国の知識人や学生たちは、それらの一冊ずつについて「これは共産主義と関係のある学術ではないか?」という点検の作業を余儀なくされていた。官憲が「これは共産主義を賛美するものだ」と認定すれば、手に取っただけでまだ開いてもいなくても、そのまま投獄されるリスクがあったのである。

この「40年間のブランク」を埋めることが韓国の社会科学・人文科学の急務なのではないかと私は思う。もちろん、民主化以降の30年については、最新の学術情報を潤沢に韓国の知識人たちは享受しているはずである。けれども、それ以前については経験上の空白がある。情報上の空白ではなく、経験上の空白である。

かつて、おのれがどれほどマルクス主義者として過激であるかを若者たちが競っていたことや、実存主義の言葉づかいに習熟することに知的威信がかかっていたことや、構造主義の嵐が先行する知的権威を粉みじんにしたことや、ポストモダニズムが「大きな物語」を全否定したことや、あらゆる言語活動についてジェンダー・バイアスがまず考量されるようになったことなどなどを私たちは目の当たりにしてきた。そのつど前世代の知的威信が滅びてゆく「諸行無常」のありさまを見て来た。「新しい学知」が鮮烈に登場してきた時の高揚感と、それが次の思潮によってあっさり「乗り越えられて」ゆくときの失望を味わってきた。この興奮と幻滅を韓国知識人たちはリアルタイムでは経験していない。

国家保安法は法制の問題であり、マルクス主義や構造主義やポストモダニズムの学知の受容は文化の問題である。その間にもちろん直接の関係はない。けれども、ある種の学知の習得を権力が禁圧したという事実は結果的には韓国の知性の歴史に回復することの難しい深い傷を残したと私は思う。

その空白を今韓国の人たちは必死で埋めようとしている。「溺れるものは藁をもつかむ」

ということがなければ、私の書くものがこれほど短期間に集中的に訳されるということはあり得ない。でも、そういう仕方であっても隣国の人たちの役に立つのだとしたら、私はそれを光栄なことだと思う。別に謙遜しているわけではない（繰り返し言うが、私は謙遜とまったく無縁な人間である）。私はただわが身に起きた「不思議な出来事」の意味を知りたいと願っているだけである。

一蹴されても、それでいい

私の「韓国論」は以上である。二人の朴先生との出会いの経験はそれぞれ種類の違う驚きを私に与えた。この出会いを通じて韓国は私にとって「親しく、懐かしい国」になった。

もちろん、韓国について私はまだほとんど何も知らない。だから、ここに書いたことも、あるいは韓国の読者たちからは「まったくの事実誤認」と一蹴されるかも知れない。でも、それでいいと私は思っている。どんな仮説も反証事例によって論駁されることで、より包括的な仮説に書き換えられる。その仮説もまた論駁され、また書き換えられる……その繰り返しによってしかものごとについての理解は深まらない。勇気を持って最初に仮説を提示してみせなければ、「あなたの仮説は間違っている」という言葉さえ引き出すことができないのである。

最初のソウル訪問の時、タンポポの金さんが半日の観光案内をしてくれた。「内田先生は何が見たいですか?」と訊かれたので、深く考えずに「古い街並みが見たいです」と答えた。金さんは悲しげに首を振って、それはお見せできませんと答えた。すべて朝鮮戦争で焼失してしまったのです、と。

自分が韓国についてどれだけ無知であるかを思い知らされたということが、この8年間の韓国の友人たちとの交友が私にもたらしてくれた最も価値のある贈り物だと私は思う。

私が大学で教えている
事柄の断片

平田オリザ

平田オリザ（ひらた・おりざ）

劇作家・演出家・青年団主宰。四国学院大学教授。こまばアゴラ劇場芸術総監督・城崎国際アートセンター芸術監督。1962年東京生まれ。国際基督教大学教養学部卒業。95年『東京ノート』で第39回岸田國士戯曲賞受賞。98年『月の岬』で第5回読売演劇大賞優秀演出家賞、最優秀作品賞受賞。2002年『上野動物園再々々襲撃』（脚本・構成・演出）で第9回読売演劇大賞優秀作品賞受賞、『芸術立国論』（集英社新書）で、AICT評論家賞受賞。03年『その河をこえて、五月』（日韓国民交流記念事業）で、第2回朝日舞台芸術賞グランプリ受賞。11年フランス文化通信省より芸術文化勲章シュヴァリエ受勲。19年『日本文学盛衰史』で第22回鶴屋南北戯曲賞受賞。

文化予算をめぐる日韓での大きな差

いま私は兵庫県豊岡市に開学予定の兵庫県立「国際観光芸術専門職大学（仮称）」の認可申請に携わっている。無事、認可が下りれば、日本で初めて演劇やダンスの実技が本格的に学べる公立大学となる。

演劇が学べる公立大学の設立は日本演劇界の悲願だった。翻って見れば、これは極めて異例であり恥ずかしいことだ。世界の多くの国には、国立大学に演劇学部があり国立の演劇学校もある。

韓国には映画・演劇学部（あるいは類似の学科など）のある大学が、国公私立併せて百近くある。人口比で言えば日本の20倍。この層の厚さが韓流ドラマや韓国映画の隆盛を支えている。韓国の俳優たちは、基本的に大学の演劇科を出ており、演技を基礎から学び、古典についての教養も持っている。韓国の伝統芸能なども必須科目にあるので、着こなしや剣術も習得する。だから韓流のスターたちは、現代劇も時代劇も普通にこなせる。

伝統的な衣装（日本なら和服、韓国なら韓服）を着こなしたり、それで殺陣を行うのは、本来、一朝一夕でできるものではない。私たちが準備している大学も、できれば剣道と茶道くらいは必須科目にしたいところだ（そこまでの予算はないのだが）。

そもそも韓国には、文化観光体育部という独立した省庁があり、巨大な予算を持っている。

その数字はGNP比で日本の約10倍と言われており、近年、ついにフランスを抜いて予算面だけをみると彼の国は、世界一の文化大国となった。

私は大学の授業でよく、この状況を説明し、「なぜ韓国は、こんなにも文化予算が多いと思うか?」意見を募ったり、あるいはグループワークでディスカッションを課す。

私の現在の主な勤務校は大阪大学と東京藝術大学で、さらにその中でも学部学科を超えて私の授業を取りに来るような者は積極的な学生が多い。すぐにいくつかの意見が出る。

回答1　分断国家なので、国のアイデンティティを明確に国外に示さなければならない。

正解！

韓国は、いまの学生が思っている以上に若い国だ。独立から72年、民主化から33年、そして国連加盟から29年。明治期の日本が不平等条約改正のために「文化国家」であることをしゃかりきになって宣伝したように、自国のアピールを積極的にしていかなければならなかった。

学生が指摘する通り、分断国家なので、北朝鮮と比較した際に、圧倒的な文化的優越も示す必要もあった。

さらに中国、ロシア、日本という大国に挟まれた地理的条件も、自国のアイデンティティをより強調しなければならない精神的な背景となっているかもしれない。

回答2　韓国はマーケットが小さく、輸出を前提にしなければならない。

正解！

（授業ではここで一応、「ガラケーって何の略だか知っているよね？」という問いから、日本のガラパゴス化問題についての前提を話す）

人口規模でいうと、韓国はほぼ日本の二分の一。この差は意外と大きい。日本では、国内需要だけを前提にしていても、その開発費が回収できる製品が多い。だから逆にガラパゴス化しやすい（例外は自動車のように、極端に開発費のかかる分野のみ）。

韓国はマーケットが狭いから、多くの産業において輸出を前提に製品を開発する。サムスンも、芸術・芸能の世界も同様で、K-POPや韓国映画も、初めから海外のマーケットを強く意識してプロデュースされている。

日本は、なまじ中途半端なマーケットを持っているために、それができない。「AKB48」に象徴される内向きアイドルは、要するに日本の気弱な男子にとって、まさに「手の届くアイドル」だが、これでは国際競争力は持てない。

あるいは「シン・ゴジラ」が全米で公開されなかったのは、重要な役柄を担うアメリカの大統領特使役に石原さとみを起用したからだと言われている。国内向けのキャスティングとしては正しかったし、石原さとみさんは相当英語を頑張ってはいたが、あのような発音をする大統領特使はいない。一昔前のアメリカ映画に出てくる「変なイントネーションの日本人」と同じで、映画全体のリアリティを損ね、海外の大きな市場を失ってしまった。

もちろん東南アジアなどで、日本のアイドルやスターも人気がないわけではない。しかし韓流スターのそれには、まったくかなわないのが現状だろう。シンガポールやクアラルンプールの空港に降り立てば、いまやほとんどのポスターは韓流スターかK-POPのアイドルだ。そして彼らが宣伝する韓国のコスメが売れまくる。

かつてフランス外務省文化部は、「シャネルでもルイ・ヴィトンでも、フランスのファッション関連製品が売れるのは、フランスが唯一無二の世界に冠たる文化大国だからだ。だからフランスは常に、最先端の芸術を支援し育てていくのだ」とうそぶいていたように、いま韓国は国策で、文化政策を産業振興と結びつけ大きな成功を収めている。

ソフトパワーとしての文化政策

これと関連し、また前項ともつながることだが、韓国の文化政策は当然、国家を挙げてのイメージ戦略という側面を持っている。いわゆるソフトパワー戦略だ。

日本のゼネコンや商社がODAをバックに東南アジアに進出しはじめた60年代から70年代、日本企業の評判はとても悪く、戦前に次ぐ第二の侵略「経済侵略」と呼ばれていた。現地駐在員や日本人旅行者の素行の悪さも、反日感情を煽る要因の一つだっただろう。政府はその対策として（もちろん、それだけが理由ではないが）、1972年、国際交流基金を設立し日本文化の発信を行うようになった。

韓国政府は当然、その歴史を熟知している。ソウルオリンピックから3年後の1991年には韓国国際交流財団を作り、韓国の文化、芸術などの発信を積極的に始めた。日本の国際交流基金がそうであるように、ここには学術交流や海外における韓国語の普及も含まれる。

特に、いわゆる韓流ドラマの輸出は、相当に計画的であったと聞く。日本国内では当初、「関係者、出演者に対する著作権処理などが日本より甘いので安く売りまくっているのだ」などと陰口をたたく人もいた。初期には、そのような側面もあっただろうが、いまや韓流ドラマは東南アジアの人々に当たり前の娯楽として（かつて日本で『奥様は魔女』『フリッパー』などが人気を博したように）流通している。タイでは、すでに2000年代初頭にはケーブルテレビに韓国専門チャンネルが存在していた。

当時私は、東南アジアで仕事をするなかで、韓流ドラマの人気の秘密を聞いたことがある。面白いと思ったのは「日本のトレンディドラマはOLが30㎡くらいのワンルームマンションに暮らしていたりして現実感がない。韓流の方がリアルな感覚がある」というものだった。

仏教や儒教といった倫理観を共有していたり、あるいは似たような家族構成を持っている日本や韓国のドラマは、東南アジアの人々に受け入れられやすい。だから「おしん」はうけたのだろうが、続く大ヒット作はなかった。

もちろん他にも、日本のテレビドラマは一話が正味45分ほどで、それが12、3回で完結してしまうので、海外の連続ドラマの標準とあわないといった様々な事情も相まって、日本は韓国に大きな水をあけられてしまった。

近年は、映画も同じような状況になっていることはご存じの通りだ。

日本の轍は踏まない

話を、先の授業での設問に戻そう。

学生からは、あまり出てこない答えだが、もう一つ、以下のような正解もある。

回答3　高度経済成長から安定成長へのソフトランディングを図るため。

韓国は「なぜ日本経済が30年近い長きにわたって停滞しているのか」を様々な角度から分析してきた。

一説によると、２０００年代の十年だけで、日本経済や日本社会の停滞に関するレポートが、様々なシンクタンクから2千本も書かれたと聞いたことがある（この数字は、たぶんあまり根拠はないが、それくらい多くのということだろう）。

そして、そのレポートに書かれている結論の一つが「クリエイティビティの欠如」だった。日本も韓国も、西洋に追いつき追い越せのキャッチアップ型の社会である。両民族ともたいへんに優秀だから、追いつくところまではできる。しかし追いついた瞬間に、次には自分で道を切り開いていく創造性が求められる。人のまねをして二番手を走っている方が楽だが、いつまでもその地位に安住していることはできない。やがて社会が成熟してくると賃金が上がり、貨幣の価値も相対的に上がり、単純な製造業は海外に移転せざるを得なくなるからだ。

韓国もGDPの伸び率はすでに3％を切るところまで来ている。じり貧の「低成長」になるか、「安定成長」とするかの正念場だ。当然、日本の轍を踏まないように、政府も経済界も考えるだろう。

日本では「グローバル」という言葉が、教育でも産業でも金科玉条のように言われるが、一時期（いまもそうかもしれないが）の韓国では、何にでも「クリエイティブ」がついた、「クリエイティブ指向」「クリエイティブ産業」「クリエイティブ教育」といったように。

韓国にとって、文化振興はクリエイティブ産業の先端研究、基礎研究であると同時に、全産業を支える基礎的な事柄となっている。

言葉や文化を奪われること

もう少し授業を進めていくと「韓国には歴史がないから」「文化がないから」といった見当違いの（おそらく言い方を間違っていて真意ではない）答えもときに現れるが、そういった発言にも細かく説明を加えて授業は続いていく。

そして私が期待しているもう一つの、もっとも重要な正解が出てくるのは、学生数の比率でいうと40名に1人くらいか。もちろん答えは、以下の通りだ。

回答4　日本が35年の植民地支配の中で、言葉や文化を奪ったから。

独立後、韓国にとって文化の恢復は急務だった。韓国の映画・演劇学部で伝統芸などの履修が義務づけられているのも、当然、その流れをくんでいる。

日本の植民地支配は緩やかだったので言葉は奪っていない、強制はしていないという間違った言説もある。たしかに日本総督府は、日常会話で朝鮮語を禁止したわけではなかった。しかし「言葉を奪う」というのは、単なる制度の問題ではない。

私は、84年から85年にソウルの延世大学に留学をした。私の担当教官の一人は韓国現代思想の大家だった。当たり前だが、彼は私と話をするときは韓国語を使う。しかし現代思想の本はすべて、韓国語の訳があっても日本語で読んでいた。かつて欧州の哲学者たちが、パスカルあたりまではラテン語でしか哲学を記述できなかったように、この教官は抽象的な思考は日本語で行う習慣ができてしまっていた。私たちが、いかに深く、彼の国の知識階級の思考の中に入り込み、それを奪っていったかの証左だろう。

さて一方、日本は、他国に侵略され、言語や文化を奪われた経験のほとんどない希有な国である。これほどの人口規模で、そういった経験がないということは、極めて異例なことと言っていい。私はそれを、やはり幸せなことだと思うが、当然、そこには負の側面もあるだろう。

ネトウヨの言説の定番に（最近も麻生氏がそのような発言をしたようだが）「世界を見渡しても、万世一系の王朝を二千年の永きにわたって保持しているのは日本しかない」という話がある。百歩譲って、それが真実であるとしても、「だからダメなんだ」という面もあるだろう。「日本は万世一系の王朝が二千年も変わらずに、他国に支配されたり侵略されたりしたことが少なかったので、侵略された者の痛みが理解できないのだ」とも言えるではないか。

かつて橋下徹氏は、自分が観てつまらなかったからという理由だけで（彼が得意とする後付けで、後から様々な理由を付けたが）文楽の予算をカットしようとした。これに対して、たとえばドナルド・キーン氏は、「もし（文楽が）死に絶えるのなら、大阪の政治家の蛮行を世界は決して許さず、また忘れることもないでしょう」と声明を発表した。しかし橋下氏は「自由競争で残ったものだけが文化」とうそぶいた。

おそらく韓国で、世界遺産に指定されているような自国の誇りとなる文化を、自分の好み（と無教養）だけで潰そうとする政治家が出てきたら確実に選挙で落ちるだろう。

自国の言語や文化を他者に奪われた経験がないから、その痛みがわからないのだ。保守を自称する人々さえも、自国の文化に対して驚くほどに鈍感なのは、この歴史に起因する。

国際的な広報戦略として考えると

先に示した「40人に1人」という数字をどう見るかは、読者の判断にお任せしたい。しかし大阪大学や東京藝大といった、将来、確実に海外でも仕事をする学生たちの認識としては、やはり問題はあるだろう。

徴用工問題にしても従軍慰安婦問題にしても、あるいは竹島（独島）問題であっても、国際世論はこれを旧宗主国と旧植民地の問題として見る。しかも韓国サイドは、国際的な広報戦略については日本のそれを圧倒的な予算で凌駕している。先に見てきたように、日本の成長戦略や広報戦略の成功や失敗も研究し、自国の戦略に生かしてもいる。

日本は相手の戦略さえ研究せずに、自らの正しさだけを主張する。太平洋戦争の時代と何も変わっていない。

昨年（２０１９年）一年間、授業を通して、「百年前にあった世界史的に重要な出来事をあげなさい」という私の質問に、「三・一独立運動」と答えられたのは、やはり学生平均でいうと70人に１人くらいだった。ちなみに「パリ講和会議」が20人に１人。こちらはかろうじて大学入試に出る範囲なのだろう。歴史認識ではなく、歴史に対する知識において、彼我の差は大きい。

世界基準の「顧客ファースト」

文化政策の話に戻って、もう一つだけ日韓の差の一例を示そう。

先般、関西のとある経済団体から講演に呼ばれた。ひとしきり文化政策について話したあと、質疑応答の時間になって以下のような質問が出た。

「いま、大阪はＩＲの誘致に邁進している。政府からは、その条件の一つとして日本文化の発信拠点を入れることを求められている。しかし経済人から見ると、申し訳ないが歌舞伎も文楽も、一部の愛好者には受けるかもしれないが、このままでインバウンドの大衆の心をつかむものには、到底なれない気がする。いったい、どうすればいいだろうか？」

文楽やオーケストラへの助成を削減してきた大阪府、大阪市が、いまになって、賭博場を作るために文化政策をやらざるを得なくなるというのはイソップ童話を見るようだが、とりあえず、私は以下のように答えた。

一、経済団体の皆さんは、これまでも様々な規制に反対してきたはずです。「IRを許可してもらいたかったら、日本文化の発信を入れろ」などというのは岩盤規制の最たるものです。反対なさった方がいい。

例えばシンガポール政府は、日本人向けのショッピング天国から、周辺国の華僑がリピーターで来るように観光政策を転換するにあたって、まずシンガポール交響楽団を東南アジア一のレベルに引き上げることから始めました。経済界の皆さんは、すでに理解されていると思いますが、国際基準で、また国際競争力のある分野で発信をすべきでしょう。

日本文化を発信するとしても、それは吉本などに任せるのではなく、国際標準を理解したプロデューサーや芸術家に委ねるべきでしょう。

二、経営者の皆さんは、いつも「顧客ファースト」と考えていらっしゃると思います。芸術文化も、特にエンタテイメントの分野では同様です。

日本文化発信というのは、そのままでは生産者の論理です。

韓国では、年度ごとに海外交流のターゲットを定めます。たとえば南米をターゲットにした年には、韓国国際交流財団は、まず南米から多くのプロデューサーを招き、韓国の様々な伝統芸能や現代芸術をすべて鑑賞させ、そのどれが南米では受けるかを選ばせるところから始めました。

いまの日本政府の考え方は「世界に冠たる日本文化を発信すれば世界は受け入れてくれる」という甘いものです。これで成功するわけがない。

日本人に加害者意識が弱く、被害者意識が強い理由

長々と書いてきたが、近年の日韓関係の成否、正邪はここでは問わない。それは他の方が書いてくださるだろうから。

私がこの稿でもっとも書きたかったことは、「このままでは二百歩譲って日本が正しくても国際社会では勝てませんよ」という点だ。頑迷なネトウヨの方たちの中には、日本は間違っていないのだから、正論を堂々と主張し続ければいいという意見が多く見られる。再び三百歩譲って、それが本当に正論だとしても、これでは勝てないだろう。

さらにもう千歩ほど譲って「勝てなくてもいい」と言うのは、その方たちの勝手だが、そういう輩と心中するのはまっぴらごめんだし、そのことによって二国間に偶発的な衝突が起こったり、あるいは不可逆的なところまで二国間関係が迷い込んでしまっては困るから。

日本での授業の一端を紹介したので、韓国での授業のことも少しだけ触れておく。

私はこの十年ほどの間に、ソウル大学、韓国総合芸術大学（韓国の芸大にあたる）をはじめ、たくさんの韓国の大学で集中講義をする機会に恵まれてきた。演劇のワークショップも行うが、もう一つ期待されているのは、日本の近現代演劇の歴史についての講義である。

一通り明治時代の歌舞伎改良運動や築地小劇場の設立などを解説したあとに、日本の近代演劇は、その黎明からすぐにファシズムの時代を迎えたと説明する。

日本の演劇人は、二つのどちらかの道を選ばなければならなかった。反体制運動で地下に潜るか、戦争協力か。前者を選んだ演劇人はやがて牢屋につながれ、あるいは後に転向した。多くの演劇人は、後者、すなわち戦争協力の道を選んだ。典型的なのは日本の劇作の父と呼ばれる岸田國士である。

岸田は、１９４０年10月に大政翼賛会の初代文化部長に就任し、文化人、芸術家の戦争協力の指揮を執る。そして翌41年の6月には移動劇団が組織され国威発揚のための演劇が全国で上演される。この移動劇団は植民地や占領地にも派遣され「皇民劇」と呼ばれるプロパガンダの演劇公演が続いた。ちなみに朝鮮半島では、朝鮮人俳優による移動劇団も組織された。

これは韓国の方から見たらひどい話だけれども、岸田に関しては違う評価もある。岸田は大政翼賛会の文化部長を引き受けることで、内部からの抵抗を試みたと言うのだ。これはまあ後付けだが、しかしもう一点、移動劇団を設立することによって、多くの演劇人を兵役から救ったという側面がある。

この移動劇団に関する問題で象徴となったのが、俳優、丸山定夫の被爆死だった。

丸山は築地小劇場の旗揚げに参加し、こけら落としで開演の銅鑼を鳴らしたことで知られている。彼は俳優としてもすぐれていたが、人格者で若いものたちから慕われ兄貴分のような存在だったようだ。

丸山定夫は築地小劇場脱退後、プロレタリア演劇の新築地劇団を結成する。しかし前述の移動劇団創設と共に、これが強制的に解散させられると、喜劇を隠れ蓑にした「苦楽座」の結成に参加。１９４４年末、この苦楽座も解散の憂き目に遭っていよいよ移動劇団桜隊を結成する。心ならずも国策演劇に加担した桜隊は、しかし１９４５年８月広島で被爆、丸山は敗戦の翌日８月16日に息を引き取り伝説の人となった。

ちなみに井上ひさし氏が、新国立劇場のオープニング演目として書き下ろした『紙屋町さくらホテル』は、この桜隊の一行の死の直前の数日が描かれている。

さて丸山定夫の一生は、日本人から見れば十分に同情に値する。多くの演劇人もそう考え、戦後、「演劇人戦争犠牲者記念会」らが中心となって「移動演劇さくら隊原爆殉難碑」が建立される。

まず、ここまでの話を韓国の学生たちに話してからディスカッションをしてもらう。当然、まず「演劇人戦争犠牲者」「原爆殉難」といった言葉に彼らは違和感を持つ。その演劇人たちは戦争協力者ではなかったのか。

よく知られるように、韓国では、原爆は相当にリベラルな人々にとっても祖国を解放した必要悪のようなイメージで捉えられている。当然、韓国の学生たちは、丸山定夫に同情することはできないと語る。

そこで私は以下のように話す。

「もちろん、皆さんは丸山に同情することはできないでしょう。まして岸田國士に共感することはできないと思います。しかし、これから日本人と付き合っていく上で、以下のことは知識として覚えておいて損はありません。

日本は島国で、太平洋戦争の戦場は、常に日本本土の外側にありました。虐殺や収奪も一般市民から目に見えるところにはありませんでした。国内でそれがあったとしても、それは隠蔽されていたからです。

そして、戦争が終わる一年ほど前から急速に戦況が悪化し、連日の空襲、戦後まで続く食糧難、そして原爆と一連の出来事が続き、そのあまりの悲惨さのために日本人は戦争の被害者としての意識を強く持つようになりました。特に原爆は、『日本も悪かったけど、ここまでやることはないじゃないか』という国民感情を喚起し、そこで亡くなったすべての人々を『犠牲者』と呼ぶようになりました。

これが、日本人に加害者意識が希薄で、被害者意識が強い一つの大きな要因です。繰り返しますが、皆さんには、まったく受け入れがたいメンタリティだと思います。そこに同情してくれとは言いません。しかし、その背景を事実としては理解しておいてほしい。シンパシーはまったく必要ありませんが、ほんの少しだけエンパシーを持っていただければ幸いです。

もう一点、もしも皆さんが劇作家や演出家を目指すなら、強い想像力を持って、自分が当時の日本人ならどのように振る舞ったかも考えてみてほしいと思います。

皆さんもご承知の通り、韓国もまた、現状ではアジア諸国への経済侵略を行っています。三度繰り返しますが、だからといって日本の過去を正当化するつもりはまったくありません。しかし、芸術家同士の私と君たちの間では、そのことも、もしも許されるなら想像力を持って語り合いたいと思うのです」。

歴史意識の衝突と
その超克

白井聡

白井聡（しらい・さとし）

政治学者。1977年、東京都生まれ。早稲田大学政治経済学部政治学科卒業、一橋大学大学院社会学研究科博士課程単位修得退学。博士（社会学）。専門は社会思想、政治学。京都精華大学人文学部専任講師。おもな著作に『国体論――菊と星条旗』（集英社新書）、『永続敗戦論――戦後日本の革新』（太田出版・石橋湛山賞、角川財団学芸賞受賞）などがある。

「戦後の国体」の末期の光景

昨年（2019年）から、日本における韓国嫌悪の空気は一線を越えた。最大のイシューは、徴用工補償問題に端を発したホワイト国認定の除外という事実上の経済制裁である。

認定除外と同時期には、あいちトリエンナーレ「表現の不自由展・その後」の中止（結果的には中断）という事件も起こった。それは、展示内容に対する抗議の声が会場へのテロ予告にまでエスカレートした結果であったが、自らネトウヨ運動家と一緒に抗議活動に参加した名古屋市長河村たかしはこの暴力を非難しないことによって暗に是認し、政府（文化庁）はそうした空気に後押しされて、一旦交付決定された助成金を取り消した（後に減額の上交付へと判断を転換）。これらの暴挙が可能になったのは、「表現の不自由展・その後」において最も問題視されたのがほかならぬあの「少女像」（正式名称は《平和の少女像》、金運成《キムウンソン》＝金曙炅《キムソギョン》作製）であったからだ。

民族としての、あるいは国家としての韓国・朝鮮への敵対感情・差別感情の表出は完全に常軌を逸したレベルに達し、「韓国相手ならば何を言ってもよい」という雰囲気が充満している。その象徴が、この間毎日のようにテレビ画面に現れる元駐韓大使である。この人物は『韓国人に生まれなくてよかった』と題する著作を持つが、元外交官の肩書を持つ者が「ヘイト本」とみなされるほかないタイトルの書物を刊行して注目を浴び、悦に入っている光景は、この国がどこまで堕ちたのかを明白に物語っている。在特会は自らの運動を「国民運動」と称していたが、それは「正しかった」。ヘイト言説は「極端で奇矯な人たち」によってのみ担われるものから、少しだけ薄めれば公共電波に乗せうるものへと格上げされたのである。ヘイト言説が日常化した後に来るのはヘイト犯罪、物理的暴力だ。日本社会はいまそうした瀬戸際にいる。

状況は末期的だ。しかし、それはロジカルでもある。なぜなら、われわれは「戦後の国体」の崩壊過程、文字通りの「末期」を生きているからだ。

「戦後の国体」とは、筆者が『国体論――菊と星条旗』（集英社新書、2018年）において展開した概念であるが、それは、要するに、戦前の天皇制国家体制（＝国体）の構造が敗戦を機にその頂点を天皇から米国へと入れ替えながら生き延びてきたことをとらえるための概念である。この「戦後の国体」という独特の対米従属体制は、焼け跡から経済大国へという戦後日本の経済的大躍進の基盤となった一方で、体制成立の大前提であった東西対立構造の崩壊後も生き延び続けることにより、日本の対外関係を不健全なものとしてきた（一方ではアメリカへの隷従、他方ではその反動／コインの裏面としてのアジア諸国への傲慢）だけでなく、対内的には民主主義の空洞化、より端的には、本来民主主義体制の主役たるべき主権者としての国民の精神的劣化をもたらしてきた。その成れの果てに現出している光景が、静かに佇む少女の像を正視できずに怒鳴り散らす人々と、そうした人々の歓心を買うことで支持を固めようとする不正と腐敗にまみれた無能な超長期政権である。まことに「末期」にふさわしい光景ではある。

なぜここまで上手くいかないのか。なぜとりわけ日韓関係において、ここまで危機が昂進するのか。実は、筆者が展開してきた「永続敗戦レジーム」や「戦後の国体」といった戦後日本をとらえるための概念が指し示す状況が成立するにあたって、戦後の朝鮮半島情勢は決定的な役割を果たした。したがって、このレジームの帰趨もまた現在および未来の朝鮮半島情勢の行方と強く関連している。だから、これらの関連性を理解できれば、現在の惨状の出現が、不可解なものというよりむしろロジカルな帰結であることをも理解できるはずである。

徴用工問題にしても従軍慰安婦問題にしても、事柄は一見歴史認識問題、すなわち歴史上の出来事をどう解釈するのかという問題であるかに見える。そして、そうである限り、日本国民と韓国国民は完全に一致した歴史認識を持ちうるはずがなく、お互いの主張は平行線をたどるほかない、各国民は各国民の「物語としての歴史」を持つのだから、と。後に検討するが、日韓基本条約における植民地時代の法的性格に対する日韓の解釈のように、それぞれがそれぞれに信じたい物語を信じるしかないのだ、と。

だが、いま問題となっているのは、さまざまな個別事象に対する認識の基盤となるメタ認識なのである。それを筆者は、「歴史意識」と呼び、戦後日本の基幹をなす歴史意識を「敗戦の否認」であると指摘してきた（『永続敗戦論——戦後日本の核心』講談社＋α文庫、２０１６年、および前掲『国体論』）。この歴史意識を可能にし、かつまたそれが支えてきた体制が「永続敗戦レジーム」「戦後の国体」である。つまり、ある国民の一般的な歴史意識とは、その国家が置かれた特定の歴史的状況において形成する体制の関数である。

そしていま訪れているのが、「戦後の国体」の完全な耐用年数切れ、崩壊の時代である。安倍政権とは、その本質において、歴史に逆行しながら「戦後の国体」を手段を選ばず維持する努力であり、安倍の動機は、世襲によって手に入れた「戦後の国体」の大番頭の地位が彼個人の虚栄心を満たすものだということに尽きる。この知性において愚劣を極め品性において下劣を極めた宰相を戴く政権が超長期政権となったのは、日本国民の多くもまた、安倍同様に、「日本はアジアで唯一の先進国（戦前の言葉で言えば「一等国」）」であるといういまや通用し得ない虚偽意識に耽溺しているからこそ、これに支持を与えてきたからであろう。

しかし、われわれの歴史意識は否応なく変容を迫られるだろう。その突端が日韓の間での歴史をめぐる摩擦として現象しているのである。

「朝鮮戦争は終わってはならない」

だが、なぜ、ほかならぬ日韓関係においてなのか。この問いに答えるために、直近の朝鮮半島情勢の推移とそれに対する安倍政権の対応を振り返ってみよう。

2017年から18年にかけて、北朝鮮の核実験・ミサイル発射等の行為はエスカレートし、これに米トランプ大統領が激しく反応することによって、緊張は高まった。対立は両国家首脳の罵倒合戦へと展開し、両者から核戦争への言及すらもが飛び出すに至った。

　とりわけ、２０１７年９月19日の国連演説でトランプ大統領が「北朝鮮の完全な破壊」に言及した際には、世界中から驚きと憂慮の声が上がった。各国首脳がトランプ発言の行き過ぎを批判しつつ、緊張緩和を呼び掛け、対話の糸口を見つけようと試みるなかで、世界でただ一人、「米国と１００％共にある！」「もっと圧力を！」と叫んだ国家元首がいた。もちろんそれは日本国総理大臣、安倍晋三である。さらには、日本国政府は、北朝鮮と正式の国交を持つ国々に対して国交を断絶するよう説いて回ったのであった。

　当時の軍事的緊張がどのような水準に達していたのかについては、いまはまだ不明な点が多い。ただ、在日米軍、そして自衛隊は、「有事」発生に備えた態勢を相当程度とっていたことは疑い得ず、そのことを自衛隊の最高司令官たる日本の首相が知らなかったはずはない。そして、北朝鮮に課された経済制裁が高度に強化された状況で、「さらなる圧力」は何を意味したのか。それは実際に戦端が開かれてしまうことを当然含むであろう。

　安倍晋三を筆頭とする政府与党の政治家たちが、当時「軍事衝突は絶対に起こらない」、あるいは「起こっても日本が被害を受けることは決してない」と確信していたのだとすれば、それが何の根拠に基づくのか、筆者には見当もつかない。おそらくは何の根拠もなかったのであろうと推測するが、こうした軍事的火遊びへの熱中と対照的に、政権のみならず日本の主要メディアからさえも、この軍事的緊張を根元から絶つための提案は、まったく出てこなかった。朝鮮半島有事とは要するに朝鮮戦争の再開にほかならない。したがって、この危機の本質的解決とは朝鮮戦争の終結であるということは、最低限の論理的思考さえできるならば、自明である。北朝鮮国家が、拉致事件をはじめとして無法な行動を長年繰り返し、餓死者を出しながら核ミサイル開発に邁進するという異様な国家戦略を採ってきたことも、朝鮮戦争があくまで休戦中であり、したがってあくまで戦時にあるという事実を抜きにしてはあり得なかった。北朝鮮が「危険な無法者」から「普通の国」になれないのは、彼らから見れば、米韓日の圧倒的な軍事力によって包囲された状態にあるからである。

こうした脈略には一向に注意が払われない一方で、軍事危機のさらなる高まりを煽る言動が赤裸々に物語ったのは、日本の戦後レジーム（＝戦後の国体）の本音だった。それはすなわち、朝鮮戦争は終わってはならない、終わってしまうくらいならば、再開してくれた方がよい、という命題にほかならなかった。

そして、２０１８年の春以降、緊張の一方的な昂進から一転して、南北首脳会談、さらには2度にわたる米朝首脳会談が実現し、当座の危機が解消される過程で、この本音の存在はより強く証明された。というのは、この過程で米朝間の合意によって朝鮮戦争終結が宣言されるのではないかという推測が飛び交ったが、それと同時に、日本政府は終結宣言が出されることのないよう水面下で米国に盛んに働きかけていることが繰り返し報道された。またこの間、米韓合同軍事演習の縮小や中止にも、日本政府は反対してきたことが伝えられている。かくして、結局のところいまだ朝鮮戦争終結宣言は出ず、いわゆる非核化のプロセスも現在暗礁に乗り上げており、当面の先行きは不透明な情勢にあるが、そうしたなかで際立って明瞭になったのは、日本の現政権が朝鮮戦争の終結をまさに心の底から嫌がっている、という事実である。「朝鮮戦争は終わってはならない」という命題は、北朝鮮から核ミサイル攻撃を受けるリスクを冒してまで現に追求されたのであった。

緊張の高まりが明らかに過去のものとなった感が強まった2019年夏に、韓国大審院における徴用工訴訟判決への事実上の対抗措置として、日本政府が問題を歴史認識の領域から通商の領域へと拡大・転移させた（半導体生産に不可欠な高純度フッ化水素等の輸出規制の発動）ことは、以上の文脈上で理解されるべきである。

きわめて重大なことには、いわゆるホワイト国認定からの韓国の除外を、日本政府は、徴用工補償判決の問題と建前上切り離し、ほかならぬ安全保障問題と結びつけた。韓国は軍事利用可能な物資の管理が杜撰で、日本から産業用に輸入された原料等が北朝鮮をはじめとする「ならず者国家」に流入しているとの疑義を提起することで、韓国は安全保障の領域において信用ならない国である、と宣言したのであった。

この宣言の重大さはどれほど強調しても足りない。というのは、日韓両国民の深層の感情がどうあれ、日韓両国は、朝鮮戦争の継続という事実により、米国をハブとして、安全保障上の利害を基本的に共有する関係、すなわち同盟的な関係にあったはずだからである。係争中の問題の安全保障領域への結びつけは、この関係性の否定であり、したがって日韓は安全保障上の基礎的利害をもはや共有していない、という宣言を意味する。

ソウル大学教授の南基正《ナムギジョン》は、この論理の本質を端的に指摘している。「ハンギョレ新聞」ウェブ版が伝えた彼の言葉は、次のようなものである。「韓国がホワイト国から除外されないためには、南北和解と朝鮮半島平和プロセスに日本の要求を反映しろという要求を盛り込んだ主張だ」、「対北朝鮮制裁の維持を根幹にした日本の朝鮮半島構想に韓国が賛同しなければホワイト国から除外するとし、二者択一を要求している[*1]」。

ここで言われている「日本の要求」や「日本の朝鮮半島構想」とは究極的には何を意味するだろうか。南がそれを説明しないのは、それらが自明であるからだ。われわれがすでに見たように、「日本の朝鮮半島構想」とは、朝鮮戦争が永久に終結せず継続することにほかならない。したがって、日本から韓国に放たれたメッセージは次のように読み取られたであろう。すなわち、韓国文在寅《ムンジェイン》政権が「日本の朝鮮半島構想」に反して朝鮮戦争終結・南北和解に尽力する限り、日韓は友邦ではない。かつ、通商領域への移行（韓国半導体産業の狙い撃ち）は、その実効性はともかくとして、韓国経済に対する最大限の打撃を明白に意図したものだった。「日本の朝鮮半島構想」にとっては、朝鮮戦争終結はあってはならず、分断国家の統一もあってはならない。この構想に逆らうならば、「経済的に焦土化してやる」というわけである。

ホワイト国認定除外の決定に対して文在寅政権がＧＳＯＭＩＡからの脱退をもって応えた（結局は貫けなかったが）際には、日本国内では「そこまでやるのか」という驚きの声が多数上がったが、筆者から見れば、驚きの声が上がること自体が驚くべきことだ。日本政府は韓国に対して「われわれはもはや安全保障上の友邦ではない」と通告したのに対して、文政権は「はい、そうですね」と応えたにすぎない。

朝鮮戦争終結への恐怖

「戦後の国体」の指導部にとって、朝鮮戦争終結を嫌悪する心理はいまや極限にまで達しており、それはほとんど形而上学的な恐怖感と化していると言える。「終わってしまうくらいならば、日本の国土目がけて核ミサイルが飛んでくる方がよい」というのだから。

こうした心理を解釈する仮説は諸々あるだろう。朝鮮戦争の終結とやがては果たされるであろう南北統一、そしてそれに伴う在韓・在日米軍の縮小や撤退によって、東アジアの地政

＊1　日本、「ホワイト国」リストを武器に北東アジアの安保を揺さぶる（２０１９年7月16日）。
http://japan.hani.co.kr/arti/politics/33899.html

学的状況は不安定化し、日本の安全保障上のリスクは高まるから、といった説明である。しかし、東アジア情勢の不透明性をどれほど重視したところで、核攻撃を受けるリスクを積極的に引き受ける道理などあるはずがない。

だが、朝鮮戦争終結に対するこの一見不条理な恐怖の正体は、「永続敗戦レジーム」、「戦後の国体」としての戦後レジームの成立史を参照してみれば、容易に見透すことができる。すなわち、「鬼畜米英」を国民に叫ばせていた戦前戦中の国家主義者たちが「親米保守派」として復権を許され権力中枢の地位を占める「戦後の国体」が、形をとり始めたのは逆コース政策においてであり、打ち固められたのは朝鮮戦争の勃発によってであった。

朝鮮戦争が始まったという文脈においてこそ、公職追放者（天皇制ファシズムの担い手たち）の追放解除が進み、レッド・パージは激化した。国鉄三大謀略事件の発生や、本格的再軍備へと後には至る警察予備隊の設置もこの文脈に位置している。GHQ内での民主化重視派（民政局＝GS）と反共軍事要塞化を推進する派（参謀二課＝GⅡ）との主導権争い＝暗闘も、朝鮮戦争勃発によって後者の勝利が確定したのであった。対日講和条約（サンフランシスコ講和条約）が急速に準備されると同時に、日米安保条約が結ばれたのも、もちろんこの文脈にある。

A級戦犯として巣鴨プリズンに拘束されていた岸信介は、東西対立激化のニュースに接して「この対立が深まれば自分にも浮かぶ瀬がある」旨を獄中記に記しているが、この予測はまったく正確であり、現実のものとなっていった。岸が不起訴となり釈放され、サンフランシスコ講和条約の発効とともに公職追放解除、短期間のうちに保守陣営のキーマンとなって行った過程は、アメリカ（特にCIA）との接触をその中核としていまもって謎に包まれている。だが、この「謎」の背景として朝鮮戦争の勃発があったことに疑問の余地はない。つまりは、朝鮮戦争こそ、戦後日本の「国のかたち」を決めた出来事だった。それは「戦後の国体」の歴史的起源にほかならない。

このことと関連して、この体制の物理的担保たる在日米軍は、二重のステイタスによって日本に駐留し続けている。そのひとつは日米安保条約であるが、いまひとつの資格は、朝鮮戦争における国連軍としてのそれであり、現在でも横田基地に「朝鮮国連軍後方司令部」が置かれている。また、国連軍地位協定第5条に基づき、キャンプ座間、横須賀海軍施設、佐世保海軍施設、横田飛行場、嘉手納飛行場、普天間飛行場、ホワイトビーチ地区（沖縄県うるま市）の7カ所の米軍基地が国連軍施設に指定されている。朝鮮戦争の終結は朝鮮国連軍の解散を意味し、在日米軍の駐留根拠の二本柱のうちの一本が引き抜かれることを意味するのである。

安倍晋三が、こうした「国のかたち」の形成の象徴的事例たる岸信介の孫であることは、その振る舞いの動機を十分に説明する。現在の体制が朝鮮戦争を契機として形成された骨格に基づいている以上、その終結は、現体制の正統性を直撃するのであり、したがってこのレジームに依存し、そのもとで禄を食んできた勢力にとっては「断じてあってはならない」ことなのである。
親米保守支配層が手段を選ばず護持しようとしているこの体制が、「菊と星条旗」が結合した「戦後の国体」と呼ばれるに値する理由のひとつは、その成立を昭和天皇が望み、積極的に関与したものとみなしうるからである。朝鮮戦争が休戦に向かいつつあった1953年4月20日に、昭和天皇は次のように述べている。

「朝鮮戦争の休戦や国際的な緊張緩和が、日本におけるアメリカ軍のプレゼンスにかかわる日本人の世論にどのような影響をもたらすか憂慮している」

「日本の一部からは、日本の領土からアメリカ軍の撤退を求める圧力が高まるであろうが、こうしたことは不幸なことであり、日本の安全保障にとってアメリカ軍が引き続き駐留することは絶対に必要なものと確信している[*2]」

この昭和天皇の言表には、米軍の駐留が継続することへの嫌悪感は微塵もなく、米軍が去ってしまうことへの恐怖、言い換えれば、共産主義の勢力拡大への恐怖がきわめて強く滲んでいる。共産主義への対抗上米軍駐留が「絶対に必要」だという論理を傷つけないためには、朝鮮戦争は是が非でも終わってはならない、というのである。

そして今日、「共産主義の脅威」は完全に過去のものとなった。にもかかわらず、「同じ恐怖」にこのレジームの支配者たちは恐れおののいている。あるいはそれは、「昭和天皇がお決めになったこと」を変更することが「恐懼措く能わずして」できない、ということなのか。

それはどうあれ、今日確かであるのは、「戦後の国体」、「永続敗戦レジーム」の基盤となってきた歴史意識は、徐々に通用しなくなってきているという現実である。米国に対する敗戦の事実を認めすぎるほど認めることの代償として、対アジア諸国に対する敗戦の事実を全力で否認するというこのレジームの歴史意識は、戦後日本の経済発展がもたらした国力の優位性によって可能になったものだった。「アジアで唯一の先進国」という明治維新以降日本が獲得した地位は、敗戦にもかかわらず、戦後は米国のアジアにおける第一の同盟国となることによって、揺るがなかった、あるいは速やかに再獲得されたのだった。

だが、かかる地位は、もはや完全に失われた。ゆえに、このかつての地位によって可能になっていた歴史意識もまた、必然的に退場を迫られている。だから、どのような犠牲を払ってでも朝鮮戦争は終わってはならないという命題は、ひとつの証明である。それは、「戦後の国体」としての戦後レジームが完全にその成立根拠を失い、それが懐いてきた歴史意識が

＊2　豊下楢彦『昭和天皇の戦後日本――〈憲法・安保体制〉にいたる道』、岩波書店、2015年、208－209頁。

維持不可能になった状況に直面したこの体制の支配層が、己の自己保身の欲求に身を焦がしつつ、新しい状況に対応する能力を持たない、その無力な姿をさらけ出させているのである。

日韓、二つの歴史意識

歴史認識の基盤となるメタ認識を、本稿では「歴史意識」と呼んできた。それは、個々の事件や出来事に対する認識を配置したり評価を与える際の座標の機能を果たす、「大きな物語」と言い換えてもよい。ある国の国民の懐くナショナルヒストリーの物語が別の国のそれと衝突しない限りにおいては、問題は起こらない。問題は、両者が矛盾し対立する場合である。その際に、ある国民が自らの望む歴史意識（＝物語）を国境を越えてどれほど流通させることができるかは、その国の置かれた地政学的状況や、相対的かつ総体的な国力にかかっている。要するに、多分にそれは政治的なものである。

現在大問題となっている徴用工補償問題は、そのようなのっぴきならない衝突の事例である。日本側から繰り返し主張されているのは、戦時を含む植民地時代の補償の問題は、１９６５年の日韓基本条約と同時に結ばれた日韓請求権並びに経済協力協定によって解決済みだとする見解である。

筆者の知る限りでは、この日本側の見解を斥けようとする韓国側の根本的な動機は、１９

65年の国交正常化交渉とその結果そのものが不当なものだ、という歴史意識である。周知のように、独立後の韓国は、権威主義的体制、軍事政権と民主化勢力との激しい相克・闘争の歴史を歩んできた。そして、盧武鉉《ノムヒョン》政権の誕生とその挫折を経た後、盧武鉉の側近であった文在寅を首班とする政権が大規模な大衆運動を背景として成立したことによって、同国は不可逆的な民主化を遂げた、という歴史意識が今日きわめて有力なものとなっている。

ゆえに、極端な言い方をすれば、文政権は旧体制を打倒した革命政権なのである。ロシア革命時のボリシェヴィキ政権がツァーリ政府の対外債務を「それは腐敗した不正な政府が勝手に借りたカネであって、ロシア人民の借金ではない」という論理によって踏み倒したのと同様に、革命政権は旧体制のなした約束に拘束されない――文政権はそこまで踏み込んではいないものの、こうした歴史意識は疑いなく存在する。なぜなら、徴用工補償問題（のみならず、従軍慰安婦問題など日帝植民地時代に関する問題全般）は、突き詰めれば1965年の条約の正統性という問題に行き着かざるを得ないからだ。

日韓基本条約およびそれに付帯する諸協定についての包括的解釈は筆者の手に余るが、ここで少なくとも指摘できるのは、この条約の成立過程は二つの歴史意識が衝突する場であった、ということだ。すなわち、韓国併合と植民地支配について、日本側は当時の国際法に照らして合法的に行なわれたとの見解を譲らず、韓国側は韓国併合条約そのものが圧迫下で結ばれた不正・非合法なものだとする見解を打ち出した。この点をめぐって両者の妥協は困難を極め、交渉は長引いた。最終的には、1961年5月16日に5・16軍事クーデターを起こして権力を掌握した朴正熙《パクチョンヒ》が、反対を押し切って条約調印にこぎ着ける。

その際に、歴史解釈の問題は、いわゆる玉虫色の解決が図られた。日韓基本条約第二条には、「千九百十年八月二十二日以前に大日本帝国と大韓帝国との間で締結されたすべての条約及び協定は、もはや無効であることが確認される」とある。この「もはや無効であることが確認される」を、日本側は「過去の条約や協定は、当時においては法的に正当で有効であったが、(現時点から)無効になると確認される」と解釈し、韓国側は「過去の条約や協定は、不法で不正なものだったのだから、(当時から)そもそも無効であったことが確認される」と解釈し、両者はお互いに相手の解釈について踏み込まないことが黙契された。つまりは、両国はそれぞれに、自分たちの信じたい歴史を信じるということである。

韓国側の歴史意識(=物語)における矛盾を指摘するのは、論理的には容易である。日韓併合条約そのものがそもそも不当であったというが、当時の大韓帝国皇帝純宗《スンジョン》がそれに署名したではないか、と。

これを無効とする論理は、自国の主権を他国に譲り渡す約束をするような国家元首は、そもそも元首たり得ないので、そのような条約に調印した時点でその者はもはや元首ではなく、かかる者がなした約束は無意味であり無効である、という論理であり、歴史意識であるほかないであろう。

そしてこのような歴史意識は、韓国の憲法、すなわち建国理念に流れ込んでいる。同憲法は建国以来9回の改正を経ているが、その前文で表明されている、大韓民国が1919年の3・1独立運動とそれを契機に発足した臨時政府をルーツとするという自らの歴史的位置づけは、一切変更されていない。言い換えれば、現在の大韓民国は、1910〜45年の間に朝鮮半島を実効支配していた大日本帝国の後継者なのではなく、大日本帝国による支配を認めない独立運動と臨時政府の後継者であるとの自己認識を一貫して持っている。この歴史意識は、「韓国併合はその当時においては合法だった」とする日本側の歴史認識と正面から対立する。

当時において国際的に公認され実効性を持った条約ではなく、鎮圧された独立運動と国際的承認をほとんど得られなかった亡命政府に基づく正統性の系譜を優先するという歴史意識は不条理であり、到底国際的には通用し得ない、と日本の常識では感じられるかもしれない。

しかし、例えば第二次大戦時と戦後のフランスの歴史を見れば、こうした歴史意識は絶対に通用しないなどとは言い切れないことがわかる。フランスがナチス・ドイツに降伏し、ヴィシー政権が成立したとき、フランスは紛れもなく敗戦国だった。しかし、ドイツの傀儡と化した祖国政府を認めないド・ゴール将軍がレジスタンス運動を司る「自由フランス政府」を結成し、それがやがて「フランス共和国臨時政府」、そして第四共和政のルーツとなってゆく。純軍事的な観点から見れば、フランス人が自国を独力で解放したとは到底言えない。しかしにもかかわらず、この過程でフランスは戦勝国の立場を得たのである。歴史意識の次元で言えば、戦後のフランスは、ヴィシー政権のフランスに接続したのではなく、降伏しなかったフランス、すなわちその成立時においては無力で形式的なものにすぎなかった亡命政権に接続したのである。この歴史意識を国際的に通用させることができたのは、フランスの文化的なものも含めた総合的な国力に帰せられるであろう。

成立時の形式性と無力さという点において、自由フランス政府と大韓民国臨時政府に大きな差はない。だが、その後実体を有するに至った政府が自らの歴史意識を国際的に通用させる能力には、大きな差があったと言うべきであろう。朴正熙は、建国の理念を貫けず、正式の賠償も断念することで、実を取る（無償3億ドル、2億ドルの借款、3億ドル以上の民間借款）ことを決断した。それは、政治的な混迷がうち続き、経済発展において北朝鮮から大きく水をあけられるという厳しい状況によって強いられたものだった。歴史解釈においては、同じ文言を日韓それぞれが自国流に解釈するという決着に甘んずるほかなかったのが、当時の韓国の国力であったのだった。

歴史意識のパワーポリティクスを越えて

日韓基本条約から55年が過ぎた。２０１８年の統計で、一人当たりのＧＤＰは、日本が４

万１５０１ドル、韓国が４万２１３５ドルであり、ついに順位が逆転した。経済面での国力にもはや差はなく、むしろ日本は追い越されつつある。この「平等化」を背景として、今日の「歴史意識の衝突」は発生している。韓国は、面子を捨てて手に入れた「実」を元手として達成された経済発展に基づき、自らの歴史意識を国際的に流通させうる国力を蓄えてきたわけである。「朝鮮戦争は終わってはならない！」と拳を振りかざす（しかも、あくまで米国の肩越しに）日本政府の姿勢には、その表面上の強硬さとは裏腹に、自らが懐いてきた歴史意識が通用しなくなりつつあることから生ずる焦燥と「戦後の国体」を護持する以外に何の展望も持ち得ないという絶望的な無気力が滲んでいる。

「支配階級の思想はどの時代にも支配的な思想である」（マルクス＝エンゲルス『ドイツ・イデオロギー』）をパラフレーズすれば、「支配的国家の歴史意識はどの時代にも支配的な歴史意識である」と言えるだろう。日韓の国力が拮抗するなかで、われわれが当面確実に予期できるのは、両国間で歴史意識をめぐる衝突が多々生ずるであろうということだけだ。

ただし、右に縷々述べてきた歴史意識とその衝突の問題は、つまるところパワーポリティクスの問題であり、われわれが本来歴史に期待することのできる、叡智、自己理解と他者理解、共感や連帯の可能性といったものとは別次元にある。われわれは、歴史意識と無縁でいることはできないが、その影響力を自覚することはできるし、自らの歴史意識を他の物語に開かれたものへと改めることもできるはずである。

それは如何にしてか？　筆者の個人的な経験を紹介したい。『永続敗戦論』が韓国で翻訳出版されたこともあり、釜山のある大学から招かれ、講義を行なうこととなった。『永続敗戦論』の内容をひとしきり説明した後、質疑応答の時間となったが、現地の韓国人学生からは実に直球の質問が寄せられた。いわく、「なぜ、戦後日本は過去の過ちを直視して反省できないのですか」と。

その実行がどのような困難を抱えてきたのかを戦後日本のナショナリズムの内的構造から筆者は説明してきたわけだが、それでもなお質問者には釈然としない思いがあったのだろう。そこで筆者は次のように答えた。

日本の近代化は、西洋の外圧に直面するなかで何とかして独立を保つことを意図して始まった。最終的にそれは、１９４５年に悲惨な敗戦という結末を迎えることとなった。朝鮮半島の人々から見れば、その全過程は自分たちへの危害でしかなく、全否定の対象となるのも致し方ない。だが、われわれ日本人は、「あれは全部ダメだった」とは言えない。なぜなら、そう言ってしまえば、われわれは自分たちの歴史のある部分を丸ごと失ってしまうことになるからだ。われわれは自らの歴史を抽象的に全否定することはできないのだ。

だから、戦後日本で心ある人は、ずっと葛藤し続けてきた。われわれは確かに正当な動機から近代化の歩みを始めたはずなのに、いつの間にか道を踏み誤って最終的には悲惨な過ちを犯した。一体いつから、どうして、われわれは間違えたのか。このことを考え続けるということに、戦後日本のある種の倫理がかかっていた。いま日本社会から失われつつあるのは、この葛藤であり、そのことはきわめて危険な兆候である。それは日本社会の倫理的基盤が失われることを意味するからだ。

この答えに質問者が納得してくれたかどうかはわからないが、筆者が求めたのは、われわれの抱えてきた葛藤、それをできる限り内在的に理解してほしい、想像してほしいということだ。

同じ要求は、当然われわれの側にも寄せられる。この間、日本の言説空間、マスメディア空間で洪水のように流通してきたものは、まさにこうした理解・想像力を欠いたものだった。その典型が、文在寅政権（進歩派・民主派政権）＝反日政権というステレオタイプである。韓国の民主派政権の対日態度が厳しいものになる傾向は、戦後韓国の置かれた歴史的および地政学的状況によって然らしめられたものだ。日本の敗戦によって独立を回復した時点の韓国は、ナショナリズムを高揚させつつも、各界の指導者層の多くが日帝植民地時代に育成された植民地エリートによって占められていた。

韓国の近代化の礎を築いた朴正熙のキャリアはその典型である。１９１７年に生まれ、満州国陸軍軍官学校、日本の陸軍士官学校で教育を受け、関東軍および満州国軍に勤務。日本敗戦の後、韓国軍に入隊するが、この間、朝鮮戦争前夜にあって、南朝鮮労働党に入党しており、そのことが発覚して１９４８年11月11日に逮捕される。獄中で転向し、南朝鮮労働党の内部情報の提供と引き換えに助命され、軍に復帰、前述のように１９６１年にクーデターにより権力を掌握する。開発独裁体制を敷き、１９７２年には「十月維新」と称する自己クーデターを起こして、憲法改正を強行、独裁体制を強化する。１９７４年には暗殺未遂事件が起こり、自らの代わりに陸英修《ユジュヨンス》夫人を目の前で射殺され、１９７９年10月26日、民主化要求デモの鎮圧を命じるなかで側近によって射殺された。まことに壮絶と言うほかない生涯であり、その功罪をめぐっては韓国国内でいまだ議論が絶えないという。

「功」の部分は、何と言っても、産業を発展させ戦後の韓国を貧困から脱却させた点に求められる。そして、その際の発展の手段は、日本との密接な関係にあった。日韓国交正常化に伴って経済協力金を獲得しただけでなく、「日本から機械部品や素材など生産財を輸入して、豊富で低廉な良質の労働力をもって第三国へ輸出をはかる」[*3]輸出重点政策を確立することで高度成長を実現させたのであった。

同時に、この関係は、国交正常化による「請求権資金」が「日本国の生産物および日本の用役」の提供に対して支払われると定められたことを筆頭に、韓国の政治経済エリートと日本との癒着による利権構造を生み出した。日本支配の時代に日本の教育を受けた世代のエリートたちが、植民地時代から連続する日本とのコネクションを利用して権力と富を独占する権威主義的な支配構造――これが民主化運動が長年闘った対象であった。ゆえに、韓国の民主派の言う「親日」とは、基本的にこの構造を批判的に名指すものであり、日本に対して好意的という意味ではない。この文脈において、民主化とはこの構造からの脱却、したがって一種の「脱日」を意味せざるを得ない。それが日本では、「反日」と受け取られるわけである。

他方で、朴正煕に象徴される「親日派」が日本に好意を持っているという意味での親日であったわけではない。日本との関係の活用は、貧困と無力から脱するために余儀なくされた選択であった。したがって、「文在寅率いる民主派＝反日、朴正煕の系譜を継ぐ保守派＝親日」と定式化する日本の一部世論は、まったく滑稽でしかない。それは、隣国の歴史を内在的に理解しようとする意志の不在、知的怠惰の表れにほかならない。

だが、現代の日本を覆っているのは、まさにこうした怠惰である。右に述べたように、韓国の民主化運動は、体制や社会の民主化だけでなく、植民地時代の残滓の清算という意味を持っていた。国力の蓄積がその清算をなしうるだけの段階に達し、それを実行しているのである。このこととの対比において、日本の状況は悲惨と言うほかない。戦前の残滓を清算す

＊3 姜尚中・玄武岩『大日本・満州帝国の遺産』、講談社学術文庫、2016年、236頁。

るどころか、自己利益のために戦前天皇制国家の改訂版たる「戦後の国体」の維持延命を図る権力（＝安倍政権）が、無気力に肯定され続けているのである。この状況が克服されることなくして、日韓関係が改善に向かうことはまったく望み得ない。

他方、韓国の民主化の抱える課題について、筆者はコメントするほどの知識を持たない。ただし、次のことは確実であるように思われる。民主化（＝旧体制の破壊）が進展すれば、「親日批判」の社会的役割は終わるはずである。そうなれば、いわゆる「反日ナショナリズム」の出番は少なくなり、日本の近代の歩みに対する内在的理解の可能性は広がるであろう。そしてそのとき、日韓両国民は相互理解の新しい局面に立つことができる――ただし、われわれ日本人の側にその用意ができていれば。

韓国は信頼できる友好国となりえるか？

―― 主として安全保障・同盟の観点から

渡邊隆

渡邊隆（わたなべ・たかし）

国際地政学研究所副理事長。1959年、北海道生まれ。防衛大学校卒後、渡米し米国陸軍大学卒業。自衛隊入隊後、第1次カンボディア派遣施設大隊長（PKO）、防衛省陸上幕僚監部 装備計画課長、陸上自衛隊幹部候補生学校長、防衛省陸上幕僚監部 教育訓練部長、第1師団長、防衛省 統合幕僚学校長、東北方面総監を歴任。退官後は、NPO法人「国際地政学研究所」副理事長、亜細亜大学非常勤講師（安全保障論）を務める。

1. はじめに

「世界最強の軍隊の構成は、どのようなものか?」という昔からのジョークがあります。その内容は、「世界最強の軍隊とは、アメリカの将軍、ドイツの将校、日本の下士官、そして韓国の兵士で構成される軍隊である」というものです。このジョークの出処は、恐らく米陸軍であるかもしれません。何故なら、米陸軍は列挙した全ての国と戦って勝利していると同時に戦った後、その全ての国と同盟を結び共に戦い、あるいは共同訓練などを重ねているからです。このジョークでは、「ならば世界最弱の陸軍の構成は?」というオチにつながるのですが、それは今回の話題とずれてしまうので割愛することとして、このジョークの最後にある世界最強と言われる韓国の兵士が所属する韓国軍・韓国と日本の関係について、主として安全保障・同盟の観点から考えるというのが本文の趣旨です。

2. 世界最強の兵士はいかにして創られたか?

余談ですが、米海兵隊の兵士は胸を張って「我々が世界最強だ!」と言います。その根拠は「何故なら、我々は当時世界最強と呼ばれた日本帝国陸軍を打ち負かしたのだから」というものです。まあ、このように米海兵隊のプライドは相当なものです。海兵隊に限らず米軍のプライドの高さはこちらが驚くほどのものです。しかしながら、一方で米軍は、近代以降の世界史の中でそう豪語するだけのことをしてきたのだとも言えます。

現代において米軍が唯一負けたと言える戦争がベトナム戦争です。韓国は、米軍以外でベトナム戦争に参加している数少ない国家のひとつで、この時の韓国軍兵士の戦いが冒頭のジョークにつながっていることは容易に想像できます。韓国がベトナム戦争に参加した理由は大きく二つあります。ひとつ目は、朝鮮戦争において米軍に助けられたことに恩義を感じていたこと。二つ目は、経済的な理由です。

１９６１年11月、クーデターにより政権を掌握した朴正熙国家再建最高会議議長は、米国に軍事政権の正統性を認めてもらうことと同時にアメリカからの援助が減らされている状況を打開するために韓国軍のベトナムへの派遣を自ら訴えました。ケネディ大統領は、当初韓国の提案を受け入れなかったものの、ジョンソン大統領になって米国は段階的に韓国軍の派兵を受け入れました。結果、韓国は、陸軍２個師団、海兵隊１個旅団で計５万人、延べ人員数で31万人の兵士をベトナムに派遣しました。ベトナム戦争には、オーストラリアやタイなどの東南アジアの国家も参加していますが、韓国の兵士の数はこれらの国の派遣総数の約４倍で米国以外では最大です。

Wikipediaによれば、韓国軍はアメリカ政府から米軍兵士の約半額にあたる60ドルを月々支給されていたとあります。しかし韓国にとって最大の利益は、戦争特需でした。１９６６

年、米国から韓国への軍事援助と経済援助を約束するブラウン覚書が締結され、1965年から1972年にかけてベトナム特需が起こり、三星《サムスン》、現代《ヒョンデ》、韓進《ハンジン》、大宇《デウ》などの財閥が誕生したのもこの時期に当たります。結果として戦争にかかわった韓国軍人、技術者、建設労務者、役務などの貿易外特需が約7億4千万ドル、軍事援助5年間で17億ドルにより[*1]、韓国は漢江《ハンガン》の奇跡と呼ばれる高度成長を果たしました。韓国軍の戦いは、南ベトナム解放民族戦線と北ベトナム正規軍を圧倒するほどであり、日本人として米陸軍グリーンベレーの一員となり、ベトナム戦争に従軍した経験を持つ米陸軍特殊部隊のある兵士は、「韓国軍の軍規の徹底、軍上層部の統率力という点で、アメリカ軍とは比較できないほど優秀だった」[*2]と述べています。単なる一兵士の個人的な感想であるものの、別の観点から見れば当時の米陸軍の規律が著しく低下していたことの裏返しであるという風にも見えます。

ベトナム戦争では、米軍がそうであったように、韓国軍も多くの虐殺事件を起こしていると指摘されています。特に化学兵器の使用や老人・女性・子供の殺傷などの国際法違反、対ゲリラ戦の名の下に行われた民間人への暴行・殺人や宗教施設への略奪、婦女暴行など米軍以上の残虐ぶりが批判されています。韓国人兵士とベトナム人女性慰安婦との間に多くの混

＊1 朝日新聞取材班『歴史は生きている』第8章「朝鮮戦争とベトナム戦争」、朝日新聞出版、2008年
＊2 三島瑞穂『地上最強のアメリカ陸軍特殊部隊』、講談社、2003年、203〜5頁

血児が生まれ、特に韓国人とのハーフは「ライダイハン」と呼ばれ1999年に社会問題となりました。しかし、大韓民国政府は公式にこれを認めていません。2017年になって英国の活動家が韓国軍による性暴力被害に遭った女性とその子供を支援する組織「ライダイハンのための正義」を立ち上げ、世論喚起を図っています。しかし、これについても韓国は完全に黙殺しているのが現状です。

韓国軍の精強さ、ある意味無慈悲さとも言われる強さを支えているのは、祖国防衛の厳しい現実です。韓国軍は、北緯38度線を挟んで北朝鮮人民軍と対峙しています。実際の戦闘は半世紀以上行われていないものの休戦中であり、いつ休戦協定が破られても不思議ではありません。1950年6月、突如南下した北朝鮮軍の攻撃を受け止めたのは、大韓民国軍創設にかかわった旧日本軍人として戦闘経験があった韓国人で、その多くは満州や朝鮮半島の旧士官学校の卒業者でした。韓国軍を訪問して驚くのは、日本の自衛隊以上に旧日本陸軍の用語や風習が色濃く残っていることです。自衛隊にも少なからず言えることですが、韓国軍は旧日本陸軍の良きところも悪きところもその一部を受け継いでいるのです。たとえば、日本の旧陸軍の徴兵制度による「郷土連隊」が強さの要因であった反面、古参兵による新兵への体罰が常態化していたと言われるように、韓国陸軍の兵士が日常起居する内務班生活において体罰やいわゆる「いじめ」が日常的に行われていることが問題視されています。自衛隊の営内班（旧軍の内務班に相当）で「いじめ」がないわけではありませんが、それはむしろ一般の日本社会の問題と同じ現象で、旧軍の悪しき風習とは異なるものです。日本以上に少子高齢化が進み、若者の多様化と学歴重視の傾向が強い韓国で、徴兵制を維持しつつ武力集団の規律を保つことには多くの課題があることは容易に想像できます。徴兵制の韓国では、自衛隊のように隊員の募集に苦労する必要がありません。世界一強かったと言われる旧日本陸軍の下士官を育成するシステムの一面が韓国の軍隊に残っていることも、韓国軍が精強であると言われる理由につながっているように思います。

3. それぞれの軍の立場と指揮権

自衛隊と韓国軍は、特段の共同訓練や共同演習を行っていません。同盟国ではないのですから当然のことです。しかしながら、米国は、日本及び韓国の双方と安全保障条約を締結して、それぞれの国と共同訓練を行っています。米韓合同軍事演習には、かつてチーム・スピリットと呼ばれる米軍と韓国軍が行う世界最大規模の共同軍事演習がありました。この演習は、北朝鮮人民軍が再び南下して全面戦争になった場合の作戦計画をシミュレートするものでした。その後、北朝鮮の核開発に伴う米朝対話で北朝鮮からの譲歩を引き出すための材料として中止されましたが、現在では二つの指揮所演習とひとつの実働演習が形を変えて継続されています。

韓国軍を語る上で外せないことは、一旦戦争になれば、朝鮮国連軍司令官である在韓米軍司令官が韓国軍も併せて指揮を執ることです。これを「作戦統制：Operational Control」といいます。すなわち韓国の大統領は祖国防衛において軍の作戦を指揮することができないのです。

1966年盧泰愚《ノテウ》政権時代に「作戦統制権」は有事に限るものとされ、盧武鉉《ノムヒョン》政権時代に「戦時作戦統制権」を2012年度に韓国へ返還することが決まりました。しかしその後、「韓国軍には、まだ作戦を遂行する能力がない」[*3]という米軍側の判断で指揮権の移譲は延期され、現在では2020年代中頃に委譲されると報道されています。

反日・反米を訴え国民の支持を受けて当選した現在の文在寅《ムンジェイン》大統領にしてみれば、大統領になったのにいざという時、自国の軍隊を指揮することができないというのは我慢のならないことであるのかもしれません。因みに日本が他国に侵略された場合、米軍と自衛隊の指揮関係は並列で、どちらかが相手の指揮下に入るということはありません。それは、合衆国憲法との関係によるものです。合衆国憲法は、米国の軍隊がどのような形であれ他国の指揮官の下で行動することを認めていません。一方、日本の場合は、憲法の制約で集団的自衛権が認められていませんから、自衛隊が米軍はじめ他国の軍隊の指揮下に入ることもあり得ない話なのです。

湾岸戦争では、シュワルツコフ将軍指揮する多国籍軍が参加各国の軍隊を統制下においてサウジアラビアの防衛とクウェート奪還作戦を実行しました。ソマリアでは国連の平和執行部隊として米軍は参加しましたが、UNOSOMⅡという国連平和執行部隊とともにUNITAF（Unified Task Force）という多国籍軍を編成し米軍の指揮官がトップにつきました。すなわち米軍の指揮官がトップにあるかぎり指揮権の問題はないのです（国連安保理決議に基づく多国籍軍の指揮官は、自国の軍隊と国連多国籍軍というふたつの指揮系統を併せ持つことになりますが、この指揮権の問題は我が自衛隊が国連平和維持活動に部隊を派遣する場合も同じです）。

同盟には二つの恐怖があると言われています。ひとつは「巻き込まれる恐怖」であり、もうひとつは「見捨てられる恐怖」です。これが「同盟のジレンマ」と呼ばれるものです。韓国がベトナム戦争に積極的に参加したのも同盟の「見捨てられる恐怖」に囚われていたからであるとみることができます。我が国の場合、1951年に締結された「日本国とアメリカ合衆国との間の相互協力及び安全保障条約」に基づけば一旦有事の際に米軍と共同して日本を守ることが日本の防衛戦略の核心であるはずですが、条約締結以来30年近く、日本の自衛隊と米軍（在日米軍）は具体的な相互協力を行っていませんでした。それどころか共同訓練や

＊3 https://www.sankei.com/world/news/141024/wor1410240038-n1.html
産経ニュース「米韓、戦時作戦統制権移譲を再延期」２０１４年10月24日

演習を何ひとつ行っていないのです。それは、ベトナム戦争を遂行している米国の戦争に「巻き込まれたくない」という空気が日本の大勢であったからです。ベトナム戦争に自ら志願して戦った韓国と比較すると、米韓同盟と日米同盟には大きな違いがあります。

自衛隊と米軍との共同訓練は、ベトナム戦争終結後の1978年に始まりました。レーガン大統領と中曽根首相のトップ会談を受けて「日米防衛協力の指針」いわゆる日米防衛ガイドラインが策定されたことが契機でした。その背景にあったのは、極東ソ連軍の増強に伴って北方からの軍事的脅威が顕在化したからにほかなりません。すなわち、当時の日本は「見捨てられる恐怖」にようやく気付き始めたと言えるのかもしれません。

4. 軍事交流としての日韓関係

国家の安全保障を担う軍隊は、同盟国同士で交流することはもちろん、時には敵国の軍隊とも交流を行います。これを軍事交流（Military Exchange：我が国では防衛交流）、または軍・軍関係（Military-Military Contact）と呼んでいます。

防衛交流は冷戦崩壊後、自衛隊の平素の活動として急速に行われるようになりました。それまで同盟国である米国の陸・海・空軍及び海兵隊との間で高官の相互訪問や防衛対話（Staff Talks）などが定期的に行われていましたが、同盟国以外の多くの国家の軍隊との交流が行われるようになりました。海上自衛隊の幹部候補生は、幹部候補生課程の卒業式の直後、そのまま護衛艦に乗り込み世界一周の遠洋航海に出かけます。また海上自衛隊の護衛艦の外国訪問や外国の軍艦が日本を訪れることも伝統的に行われています。いわゆる軍艦外交と呼ばれる防衛交流です。海上自衛隊の護衛艦が海外を訪問することは、世界の海軍の実情をその目で確認するという海上自衛隊にとって有意義な教育訓練であるばかりでなく、外交としても大きな意義・効果があるといえます。

冷戦後は、陸上・航空自衛隊においてもさまざまな防衛交流が行われるようになりました。注目すべきは敵対するロシア極東軍管区司令官と陸上自衛隊の高官の会談や中国人民解放軍のトップと陸上自衛隊のトップが会談を持つことも行われていることです。このことは画期的なことであり、抑止の観点からも特筆すべき出来事でした。防衛交流の最も象徴的なものはトップ（参謀長）同士の相互訪問ですが、高級幹部から幹部候補生に至るまで、あらゆるレベルの階級で交流が行われるのが同盟国です。

日本と韓国の防衛交流はどうでしょうか？　隣国であり、同じ米国と同盟を結んでいる韓国軍と自衛隊は従来からそれぞれの軍・自衛隊の教育課程への留学生の相互派遣や研修などの防衛交流を行っています。陸上自衛隊の防大卒・一般大学卒の幹部候補生は、２００５年から韓国研修を行い韓国陸軍の第３士官学校と相互交流を行ってきました。

しかし近年、自衛隊と韓国軍の防衛交流に変化が起きています。２０１９年になって韓国からの申し入れがあり、この初級幹部の防衛交流は中止となりました。２０１８年12月に起きた韓国海軍の駆逐艦が日本の対潜哨戒機にレーダー照射した事案や、その後のＧＳＯＭＩＡの破棄通告や破棄の一時凍結などを見ると、日韓の軍事交流が日本と韓国の政治的対立の構図に飲み込まれたように見えるのは残念なことです。

そもそもＧＳＯＭＩＡは、純粋な軍事情報共有に関する包括的な合意であって、そこに政治的あるいは歴史的な感情が入り込む余地のないもので、その前提となるものは共通する敵（敵対する国）の存在です。ＧＳＯＭＩＡの延長問題で浮かび上がったのは、北朝鮮をどのように見るかという基本的な認識の温度差にあるのかもしれません。

軍・軍関係は、その時の政府の関係や経済活動とは一線を画したものであるべきです。国家にとっての暴力装置と定義される軍隊には政治的な中立が求められ、国内外の政治的対立からは一定の距離をおくべきとされています。米国の政治学者サミュエル・ハンチントンは、軍人が専門的立場から政治と一定の距離をおくことを客体的シビリアンコントロールと定義しましたが、今日の民主主義国家の軍隊の在り方の一つのモデルとなっています。例えば、4年または8年毎に政権が変わる米国では軍隊は政治的に中立な立場であることが求められます。したがって日米貿易摩擦や日米構造協議など、政財界の分野で日本と米国が対立していた時代でも、自衛隊と米軍は粛々と共同訓練や防衛交流を継続していました。

冷戦後、自衛隊は米国以外の国とも防衛対話や共同訓練を行っています。例えばオーストトラリア、イギリス、フランス、インドなどの国家との間で様々な防衛対話や共同訓練を行っています。その動きに比べると隣国である韓国との関係は、残念ながら低調と言わざるを得ない状況にあります。軍隊が特定の政権や指導者に強く影響を受けるようでは健全な軍・軍関係は構築できません。それを支えるのが両国軍隊のトップの関係なのですが、日韓の軍隊・自衛隊間ではこの軍・軍関係がやや希薄なのではないかと心配になります。

一般的に軍隊が敵国に悪意を持つことは、決して良いことではありません。敵なのですから相手を好きになる必要はありませんが、憎む理由はないのです。敵を憎むことからは何も生まれてきません。我が国においては古代から戦国時代、日露戦争を通じて武士道を基本に戦争の遂行と相手国の軍隊・軍人への処遇は明確に区分されていました。第二次世界大戦頃からこの基本姿勢にやや陰りが見えるのですが、それでも我が国の歴史を通じて、自衛隊・軍隊は高い規律を維持していることで知られていました。さらに同盟国・友好国との関係では相手国の歴史や文化を尊重することが求められます。

しかしながら、軍事交流にその時の国家の政治的トレンドや国民感情を持ち込ませないことは現実問題として非常に難しいことは事実です。日韓における軍事交流は、今のところ国民感情に大きく影響されている状態にあるといえるでしょう。

5. 韓国国民の軍に対する意識の変化

２０１０年頃、統合幕僚学校長であった時に防衛交流の一環として統合幕僚課程の学生を引率して韓国軍及び在韓米軍を研修したことがあります。学生と言っても40代前半の１等陸・海・空佐クラスの将来の高級幹部を嘱望された自衛官達です。

韓国において在韓米軍司令部や韓国の師団などの部隊研修のほか38度線の現状や国境のトンネルなどを見学して、研修の最後の夜に韓国軍がソウル市内の軍専用の福利厚生施設で歓迎会を催してくれました。その懇親会の余興として韓国軍の制服を着た20代前後の若者のコーラスグループが素晴らしい歌声を我々に披露してくれました。素晴らしいと褒めたところ、担当の通訳が彼らが非常に人気のある韓国のアイドル歌手たちであることを教えてくれました。そう、プロの歌手である兵士を懇親会の余興として呼んでくれていたのです。

韓国は徴兵制の国ですから、アイドル歌手も映画俳優も若いうちに軍隊を経験します。当時は、軍隊内に「軍楽隊」と呼ばれる組織があり、芸能人や歌手などの特技を生かせる音楽・芸能で軍隊生活を送る者が多くいたようです。最近になって、差別や不公平などの様々な問題が生起し２０１３年「軍楽隊」は廃止されたと聞きます。

芸能人ばかりでなく韓国の若者の間では、軍に行きたくないという「徴兵逃れ」「徴兵拒否」が増えています。兵役逃れのために国籍離脱を図る者も後を絶たないらしく韓国のＩＭ

O移民政策研究所によれば、韓国籍を離脱した人は過去10年間で22万人を突破、２０１６年は過去最高となる３万６４０４人に上ったとしています。*4 新たな国籍取得先は米国が最も多く、次いで日本、カナダが人気で、韓国籍を再取得した人は約２万人余にとどまるため少子高齢化が深刻化する韓国で今後も人口減少が進行する一因と考えられています。

6. 相互理解こそが「抑止」を向上させる

国土の防衛に任じる自衛隊は、必然的に相手国や同盟国の軍隊の動向に大きな関心を寄せています。友好国はもちろん敵対国であっても相互理解を深めることは、一国の安全保障のために極めて重要なことです。何より幕僚長から下士官に至るまでのあらゆる階級で相互に交流し、人間関係を構築することが「抑止」につながることは説明するまでもありません。過去も現在も同盟国・友好国同士であればお互いの信頼を醸成することで同盟の信頼性が高まり、利害を異にする国同士であれば、不測事態対処、すなわち知らないことによって起こる偶発的なミスを最小限にする努力が必要で、これはリスク管理の観点からも重要なことで

＊4 https://newsphere.jp/national/20180117-4/
Newsphere「増える韓国籍離脱者、10年で22万人超 兵役逃れの手段にも」２０１８年1月17日

す。

軍人は、徹底した現実主義者です。戦いを制する要素は、有形・無形の戦力において相手より勝ることであり、それが非常に難しいということをどちらの軍隊も理解しています。正々堂々と戦って勝つということは優秀な指揮官に指揮された強い組織でなければできることではありません。誤解のないように補足すれば、陽動作戦、偽騙《ぎへん》行動などの相手の裏をかく行動を否定しているわけではありません。最小限の犠牲で最大限の勝利を得る方法をすべての軍隊が追求しているのです。

そのために必要ならば敵国であろうとどんな国家であろうとも、その国との関係を維持し Give & Take することを躊躇うものではありません。クラウゼヴィッツは「戦争は、別な形をもってする政治の延長である」と定義しました。その視点に立てば、「戦争」の反対語は「平和」ではなく「対話」または「交渉」となります。どのような場合でも、たとえ戦いの最中であっても「対話」は継続されねばならないのです。

メディアを中心とする日本の世論が韓国に対してより強硬な態度をとることは、交渉を有利に進めるための一手段としては認めるものの、それが問題の早期解決につながるとは到底思えません。確かに国と国との約束を破っているのは韓国の方だという主張ももっともです。しかし感情的な対立を論理的に解決するためには、対話が必要です。そのための扉を閉ざしてはならないと思います。

自衛隊としては対話を通じて軍事的な合理性を主張することが重要であると思います。その上で現実的・リアリティある対応を韓国そして韓国軍に期待したいと思わざるを得ません。遅すぎることは決してないのですから。

隣国を見る視点

中田考

中田考（なかた・こう）

1960年生まれ。イスラーム法学者。灘中学校、灘高等学校卒業。早稲田大学政治経済学部中退。東京大学文学部卒業。東京大学大学院人文科学研究科修士課程修了。カイロ大学大学院文学部哲学科博士課程修了（Ph.D）。1983年にイスラーム入信、ムスリム名ハサン。現職は同志社大学一神教学際研究センター客員フェロー。著書に『イスラーム法とは何か？』（作品社）、『カリフ制再興』（書肆心水）、『イスラーム　生と死と聖戦』（集英社新書）、『みんなちがって、みんなダメ』（KKベストセラーズ）、『イスラーム国訪問記』（現代政治経済研究社）、『13歳からの世界征服』（百万年書房）、共著に『しょぼい生活革命』（晶文社）などがある。

序

本稿は、「いま日韓関係は僕が知る限り過去最悪です」「これがたぶんいまの日本において最も喫緊な論争的主題だと思います」との内田先生の問いかけへの応答です。

私の専門はイスラーム学であり、東アジア、朝鮮／韓国問題ではありません。ですから、本書における私の役割は、イスラーム学者そして日本の一市民の目から見た日韓関係について語ることかと思います。

1. 韓国との出会い

まず最初に申し上げたいのは、現在の日韓関係が過去最悪で最も喫緊な問題だ、という実感が私にはない、ということです。客観的に、現在の日韓関係が過去最悪で最も喫緊な問題でない、と言っているのではありません。そういう実感がない、ということです。理由は単純で、市民として私がこの問題について「意識が低い」からです。そこで少し自分のことを語らせてもらいます。私は１９６０年に岡山県の津山市に「普通の日本人」日本国籍の両親の間に生まれ、物心ついてから高校まで芦屋・西宮で暮した後に上京し、東京大学でイスラム学研究室に進学し修士課程を終えた後でエジプトに留学しました。

私が韓国人と初めて接したのは、卒業間際の大学4年の春休み、ブルネイで太平洋東南アジアムスリム青年会議に参加して、韓国代表のムスリムに会った時だったと思います。正確には、その時に初めて韓国人と接したわけではなく、韓国人と意識して韓国人と接したのはそれが初めてだった、ということです。日本に住む朝鮮人は約50万人で、そのうち約45万人が韓国人ですから、日本の人口の280人に1人が韓国人ということになります。本当はそれまでも毎日何人かの韓国人と会っていたはずですがそれを意識してなかったということです。

それは私が意識が低くて気付かなかった、ということでもありますが、当時はまだ在日韓国人は日本の通称（通名）を使うのが普通で韓国人であることを隠している場合が多かったからです。1963年に亡くなったプロレスラー力道山も朝鮮半島出身であったことを終生隠していたと言います。ちなみに空手の極真会総裁大山倍達《おおやまますたつ》（民族名崔永宜《チェヨンウィ》）も朝鮮半島生まれで、終戦後に韓国籍を取りましたが、その後日本に帰化し、大山倍達を名乗っていました。私ももちろん『空手バカ一代』の熱心な読者でしたので大山倍達が朝鮮半島生まれなのは知っていましたが、彼が在日だとは最近まで知りませんでした。

現在、私は東大イスラム学研究室に進学した中高の後輩を個人的に教えていますが、彼はたまたま在日朝鮮人（韓国系）です。彼によると母校には在日の同級生が今では普通に何人もいるそうです。多分、私の在学中にも母校には在日の生徒がいたのでしょうが私はそれに気づかず、気づかないことを意識することすらなく卒業したのだと思います。東大に入学してからも事情は同じです。大学卒業間際にブルネイで会うまで韓国人に会ったことがなかった、というのはそういう意味です。

私の父は神戸の貿易商で当時しばしば韓国に出張していましたので、韓国は私にもそれなりに身近だったとは言えます。ただ父は家では仕事の話は一切せず、特に韓国の話をすることもなく、韓国人についての悪口も一度も聞いたことはありませんでした。父からだけでなく、私は学生時代まで、現在のネトウヨと呼ばれる人々の「嫌韓」発言のような反韓国、反朝鮮的言辞、ヘイトスピーチを直接に耳にしたことは一度もなかったと思います。

そういう意味では当時の私には自分に韓国人・朝鮮人に対する「差別」意識があるとも思っていなかったのは言うまでもなく、日本社会に深刻な「差別」意識があるとも思っていませんでした。しかしそれは文字通り「意識が低かった」のであり、私にも、私のような「意識が低い」者が相当数を占める日本社会にも差別がなかったわけではありません。むしろ、韓国人が韓国人と名乗れないほど差別が激しく、在日韓国人の存在が意識に昇らないほど、権力格差が大きく抑圧が強かった、ということだったのでしょう。

姜尚中《カンサンジュン》（東大名誉教授）が本名の永野鉄男ではなく韓国名の姜尚中を名乗ったのが1972年だと言われます。しかし、2006年創立の在日特権を許さない市民の会（在特会）が、通名制度を在日特権と批判しているように、現在でも日本名を名乗る者も多く、そのことは現在でも日本社会にはネトウヨ的な「嫌韓」とは違う根深い「差別」が存在することを示している、と言ってよいでしょう。

日本における在日韓国人への社会的「差別」が減少しつつあるのか、それとも増大しつつあるのかは私にはよく分かりません。しかし、日本と韓国の文化的な関係が、私の若い頃に比べて大きく発展しているのは確かです。大きな転機は1984年に始まったNHK「アンニョンハシムニカ　ハングル講座」です。当時私は大学院生でしたが、名前を韓国語とするか朝鮮語とするかで意見が割れて結局ハングル講座という名前で始まった、という話を読んだのを今も覚えています。6つある国連公用語（英仏中露西亜）の一つであるアラビア語の講座の放送をNHK（ラジオ）が始めたのが2002年ですからずいぶん前のことです。アジアの言語としては国連公用語の中国語を除き初めての試みでしたし、現在も国連公用語以外の言語でNHKが定番の講座を持っているのはハングル（韓国・朝鮮語）だけです。私はこのNHKの隣国への配慮を多とします。

次の転機は、おそらく社会現象にもなった2003年のNHKの「冬のソナタ」のヒットによるいわゆる第一次韓流ブームでしょう。ちなみに私が韓流ドラマを観始めたのは、2009年の「宮廷女官チャングムの誓い」再放送からで、「六龍が飛ぶ」、「花郎」、「オクニョ」などの時代劇がお気に入りです。NHKのハングル講座の開始は画期的でしたが、大衆的な広がりは持ちませんでした。しかしこのいわゆる韓流ブームにより、韓国は日本人の日常に溶け込みました。この第一次韓流ブームが私のような中高年層を対象としたのに対して、2010年代からの第二次、第三次韓流ブームはK-POPやファッション、美容などで若い人たちの間に広まっています。

この若者たちの第二次、第三次韓流ブームは日韓関係に新しい次元を開くものです。東方神起などのK-POPのスターたちが日本の音楽市場に進出し日本語で歌うだけでなく、女子アイドルグループTwiceのミナ、モモ、サナ、男子アイドルグループPentagonのユウトなど日本人が韓国人の間に交じって韓国語、日本語、英語を自在に使いこなして活躍しています。ちなみにTwiceもPentagonも多国籍ユニットでTwiceには台湾人、Pentagonには中国人のメンバーもいます。私は音楽には詳しくありませんが、K-POPアーティストとも交流のあるモデルのUsuke Devilのインスタグラムを見ていると、国家と言語の境界を軽々と乗り越え、日本、韓国、台湾、アメリカを行き来し、韓国語、日本語、英語を自由に使いこなし、実に自然体で新しい東アジアの文化を発信しています。もともと韓国語は日本語と文法構造が極めて近く、中国語由来の多くの単語を共有しており、日本人には学びやすい言葉です。これからは、韓国に対する歴史的なこだわりがなく韓国の文化と感性が好きなこうした若者たちが、どんどん楽しんで韓国語を身につけ、国境を越えて友情を育み、新しい文化を作っていくことでしょう。私はそう期待しています。

2. イスラームと東アジア

さて、一市民としての話はこれぐらいにして、これからはイスラーム学者としての話をしましょう。既に述べたように私が最初に会った韓国人はブルネイのムスリム青年会議で会った韓国代表でした。その会議にはブルネイ、インドネシア、マレーシア、シンガポール、香港、台湾、フィジー、オーストラリアなどからムスリム青年が集まりましたが、香港人、台湾人、韓国人、つまり東アジアのムスリムは、同じムスリムでも他のマレー系を主体とする東南アジアのムスリムや中東からの移民とは明らかに感性が違い付き合いやすいと感じました。それをもっと強く感じたのが翌年シドニーで参加したイスラーム会議での韓国ムスリム連盟会長アブー・バクル金先生との出会いでした。金先生は大日本帝国時代に教育を受けたため日本語も堪能で、初めて会ったにもかかわらず参加者の中でも私は特に目をかけてもらい、在シドニーの韓国人の友人の夕食会にも私だけを招いてくれました。金先生のそのお友だちはイスラーム教徒ではありませんでしたが、ムスリム以外とも普通に話ができる金先生の感覚も、日本で超マイノリティとして暮らす日本人ムスリムとして共感できました。

その後、私は1986年に東京大学で修士課程を終えた後、エジプトに留学し、ブルネイ、マレーシア、パキスタン、エジプト、シリア、イラク、ヨルダン、サウジアラビア、イラン、クウェイト、レバノン、トルコ、北キプロス、カタル、オマーン、バハレーン、モロッコ、アフガニスタン、ウズベキスタン、カザフスタン、アルジェリア、チュニジア、イエメンのようなムスリム諸国など多くの国を訪れ、イスラーム会議に参加しさまざまな民族のムスリムと交流してきました。その経験から言うと、同じムスリムでも、中東のムスリム、南アジアのムスリム、中央アジアのムスリム、東南アジアのムスリム、東アジアのムスリムでは、もちろん個人差はあるとはいえ、それぞれ明らかに「肌触り」が違います。そして東アジアの韓国、中国（台湾、香港を含む）のムスリムといる時がいちばんくつろげます。それはイスラームの宗派や信仰心などとは別の話で、英語やアラビア語で話していても同じです。まず、見た目が似ている、というのは外国にいると想像以上に重要です。世界のムスリム人口は15億人とも言われますが、東アジアのムスリムは多く見積もっても数千万人です。私たちのような東アジアのムスリムは一目で分かり、初対面でも仲良くなります。それは私だけでなく、ムスリム諸国に留学した日本人ムスリムたちに聞いても皆同じことを言います。新型コロナウイルス肺炎騒動のおかげで「国際社会」では日本人、中国人、朝鮮人の区別などついていないことが、はからずも明らかになりましたが、私たち自身も見た目で区別できないのですから仕方ありません。

もちろん、「肌触り」は見た目だけではありません。曖昧な概念ですが、ムスリム世界に暮らしていると、自分たちが中国文明の末端に繋がっている、と実感します。漢字文化、三教（儒仏道）の知識を共有している、という感覚と言ってもいいかもしれません。つまり、同じムスリムでも中国文明ではイスラームの受容も他の文明圏とは違った特徴を持つ、ということです。

日本人ムスリムが東アジアのムスリムに対して感じる親近感は、モンゴロイドの外見と共有する中国文化だけでなく、自国にあっても異教徒の間で宗教的マイノリティとして暮らすという社会的立場にもよっています。私は韓国を三度訪れていますが、それはクルアーンを韓国語に訳したハーミド崔先生に会うためでした。ハーミド崔先生とはRISEAP（Regional Islamic Da'wah Council for Southeast Asia and the Pacific）の総会で知り合いました。RISEAPには香港、台湾の代表やマレーシア、シンガポールの華人など東アジア人の「中国人」ムスリムもいましたが、なぜか一番気に入ってもらえました。多分、同じ東アジア人の中でも、長いイスラームの歴史を有する「中国人」ムスリム、つまり先祖代々ムスリムで家族、親族がムスリムである人たちと違い、日本人ムスリムと同じく韓国人ムスリムも大半が改宗ムスリムであり、ムスリム共同体と呼べるものを持たない、ということで日本人の私を可愛がってくれたのでしょう。アジアは多民族、多宗教社会ですが、朝鮮民族、日本民族は、共に1億人近い人口を有する大民族でありながら歴史的にイスラーム教徒が殆ど存在しなかった点で珍しい存在です。

私のリアルな韓国人との接触はほとんど韓国人ムスリムとしかなく、それはなによりもムスリム同胞としてのつきあい、それも名ばかりのムスリムではなくイスラーム会議に代表として参加するような「選りすぐり」のムスリム同士でしたので、当然良き出会いでした。しかもムスリムとして多様な民族と出会う中で、いろいろな意味で共通点が多く付き合いやすい東アジアのムスリムの中でも、韓国のムスリムは特に親近感をいだける存在でした。そして3回訪れた韓国でもハーミド崔先生によくしていただき、街中でも嫌な思いは一切しませんでした。ですから韓国にも韓国人にも悪い感情を持つ個人的理由は私にはありません。イスラーム教徒、及びイスラーム学者としての個人的経験から言えることを纏めると以下のようになります。

まず人生に究極的な意味を与える宗教を自分のアイデンティティとするなら、国籍や民族の違いは相対化される、ということです。人間は多くのアイデンティティを持っているものです。性、年齢、民族、国籍、出身地、宗教だけではありません。日本人の場合、会社や出身大学、ファンの野球チーム、好きなアニメのキャラがアイデンティティの場合もあります。中国だと宗族、インドだとカースト（ジャーティ）がアイデンティティの核になります。宗教を主たるアイデンティティとすると民族の区別は相対化されます。

第二に何かに対する見方は置かれた文脈によって変わる、ということです。韓国に対する見方も韓国だけしか目に入らない場合と、東アジアの中で韓国を見る場合、西アジア、南アジア、東南アジアを含むアジア全体と韓国を比べる場合、非欧米世界の一国として韓国を見る場合、「自由民主主義」陣営の一員として韓国を見る場合で変わってきます。「日本人」と

「韓国人」との比較という問題設定をした時点で、日本人同士、韓国人同士の間での差異は捨象され、日本人と韓国人の差異が強調されます。東アジアの文脈で韓国を見るなら、東アジアの文化の共有と同時に第二次世界大戦での日本軍による占領体験を共有する同じ中国文明、漢字文化圏の他の国、地域と違う韓国の姿が見えてくるでしょう。アジア全体と比べるなら韓国は同じアジアと言ってもインド文明圏、イスラーム文明圏とは違う日本と共通点の多い東アジアの国として映るでしょう。非欧米世界全域と比べ、肌の色や外見も全く違い歴史的にも文明的に接点がなかったラテン・アメリカやアフリカまで視野に入れるなら、韓国人と日本人の差異は殆ど消えてしまうでしょう。また「自由民主主義」陣営の枠組で見れば、アジアだけではなく非欧米諸国の中で韓国は「自由民主主義」が機能している数少ない「同盟国」の一つであることが分かるでしょう。思考実験を更に続ければもっとはっきりします。ラクダやネズミと比べるなら、韓国人は話が通じる仲間なのは確かです。話が通じないどころか一緒に暮らすことさえできないクラゲやワカメと比べればなおさらです。

3. 韓国人差別の背景

人間のアイデンティティの複合性を理解し、韓国人、日本人といったカテゴリーを相対化し、さらに韓国と日本の比較の問題設定を国際的な文脈に置くなら、少なくとも「嫌韓」のヘイトスピーチのようなステレオタイプの韓国観は改善できると思います。しかしアイデンティティは単に客観的な認知の問題ではなく、自分の存在を肯定できるかにかかわる実存的問題です。「嫌韓」の問題が複雑なのは、客観視が難しい実存的な問題だからであり、こうしたアプローチによる「嫌韓」の問題の解決には大きな限界があります。

戦後賠償にいたるまでの創氏改名や従軍慰安婦問題のようなヘイトスピーチとは違う具体的問題については、歴史学者ではなく独自な情報を持つわけでもない私に語るべきことはありませんが、政治哲学者、地域研究者として、問題がもつれる一般的原因とその解決への方向性なら示唆できることがあるかもしれません。

まず、私は韓国にも韓国人にも悪印象も「差別」もない、とは言いましたが、エドウィン・ライシャワー『ザ・ジャパニーズ（*The Japanese*）』（１９７９年）、エズラ・ボーゲル『ジャパン・アズ・ナンバーワン（*Japan as Number One: Lessons for America*）』（１９７９年）を読み日本経済の「黄金期」、あるいは「バブル期（１９８６〜１９９１年）」を学生として日本と中東で暮らした日本人として、私にとって日本は経済大国、アジア唯一の先進国でした。１９８０年には韓国のＧＤＰは約６７１億ドルで１兆１０５４億ドルの日本とは約15倍の差がありました。日本が韓国よりも圧倒的に進んだ豊かで優れた国であることは「客観的な事実」である、と私は信じており、それが「差別」であるとは毫も疑いませんでした。

本稿を書くにあたって、ＯＥＣＤ（２０１８年）の統計を調べてみたところ、現在では日本のＧＤＰは５２４７６億ドル（２０１８年）で韓国の２１７４５億ドル年の２倍半ほどですが、一人当たりＧＤＰでは日本は４１５０２ドル、韓国は４２１３６ドルで既に逆転されていま す。韓国の技術、経済、政治の急速な発展は知っていましたが、本稿を書くにあたって改めて調べてみるまでここまで差が縮まっているとは正直思っていませんでした。古代から世界帝国を成立させ、特に東アジアにおいては変わらぬ覇者であった中国に日本が抜かれるのは理解できます。しかし、かつての植民地で独立後も冷戦の被害者となって現在まで続く内戦（朝鮮戦争）に苦しむ韓国に、朝鮮特需で経済発展を成し遂げた日本が追い付かれるというのは何かおかしい気がします。私には「差別」意識はない、と言いましたが、私のこの優越意識とヘイトスピーチの「嫌韓」はおそらく陸続きでつながった同じ「差別」なのでしょう。

私のこの優越感、あるいは無意識な「差別」は、バブル期に物心がついていなかった世代にはそもそも存在しないのではないか、と思います。既に述べたように韓流ブームの後には韓国語を使いこなし二つの文化を自由自在に行き来する、私たちとは全く違う感性を持つ若い世代が育っています。私は彼らがやがては日韓関係を変えてくれるものと期待しています。ですから消極的ですが、取り敢えず、私たちの世代の責務は、この無意識の「差別」を増幅させ「嫌韓」に与するようになることなく、また若い世代に古い差別的感性を伝染させないことだと思います。

4. ナショナリズムの問題

マクロな日韓関係を考えるなら、その枠組はナショナリズムをイデオロギーとする領域国民国家システムになります。イスラーム教徒、イスラーム学者としての私自身はナショナリズムも領域国民国家システムも認めませんが、まずは所与の事実としてそこから出発するしかありません。イスラーム社会をフィールドとする人類学者エルンスト・ゲルナーはナショナリズムを「第一義的には、政治的な単位と民族的な単位とが一致しなければならないと主張する一つの政治的原理である」と定義しています。政治的単位とは国家であり、マックス・ウェーバーの定義にあるように、国家とは「社会の中で正統な暴力を独占的に所有する機関」です。国家をアクターとする現行の領域国民国家システムの最大の問題、不安定要素は、一民族が単一国家を構成しないことです。そう考えると日韓問題の本質も明らかになります。日韓併合により、朝鮮民族の単一国家がなくなったこと、そして日本の敗戦によっても単一の朝鮮民族国家が回復されず韓国（大韓民国）と北朝鮮（朝鮮人民民主主義共和国）に分かれた内戦が現在に至るまで残っていることです。

領域国民国家システムの本質はナショナリズム、民族が暴力装置を持って領土を支配することです。それ以外は全てオプション、お飾りに過ぎません。20世紀は共産主義と資本主義というイデオロギーがナショナリズムを粉飾していましたが、冷戦が終わりその粉飾が剝がされたのが21世紀です。カール・シュミットが喝破した通り、政治的なものの本質は、「友・敵」区別であり、最終的に相手を殲滅することを目的とします。共産主義陣営に勝利した資本主義陣営は「自由」、「平等」、「人権」、「民主主義」などのイデオロギー的粉飾をかなぐり捨てて「国益」を追求するようになり、国連も機能不全に陥り、世界はあからさまな弱肉強食の勢力均衡の場になりました。それがトランプ政権に代表されるフェイクニュースに支えられた極右排外主義（ジンゴイズム）と衆愚政治（ポピュリズム）が猖獗《しょうけつ》を窮める今日の世界の真の姿です。安倍政権も文政権もそうした世界の中で動いています。ですから、私たちは、外交辞令を排して、リアルな現実を直視しなければなりません。もちろん、「公人」は外交の場では、外交辞令を尽くさなければなりません。外務大臣風情が他国の元首の代理の大使に「極めて無礼」と発言するような無礼は許されません。私が話しているのは「知識人」の議論のことです。

政治とは「友・敵」区別からなり立っており、ナショナリズムを本質とする領域国民国家システムにおいては、同じネーションだけが「友」であり、他の国民国家は全て「敵」です。現在の世界は、現行の国家群は「友」であるネーションの再定義、再編に向かっていますが、その過程では自らが生き残るために勢力均衡を図り暫定的に「敵」である国々と合従連衡《がっしょうれんこう》を繰り返します。それが侵略戦争の道具とも言われる地政学の復活が語られる今日の国際情勢です。

西欧の領域国民国家システムによる世界の植民地支配の時代であった19世紀、西欧起源の資本主義と共産主義が競合する領域国民国家システムによる世界管理の時代であった20世紀が終り、21世紀は非西欧文明圏の帝国の復活による領域国民国家システムの再編の時代になります。19・20世紀の東アジアは、シーパワー（海洋国家）イギリスとその継承国家アメリカ、そして後発帝国主義国のシーパワー日本、同じく後発帝国主義国のランドパワー（大陸国家）ロシアによる、中国（清朝）の分割の時代でした。この帝国主義列強の争いの中で、中華文明の冊封体制において清朝の属国であった李氏朝鮮は大日本帝国に滅ぼされます（1894年下関条約、1910年韓国併合）。そして第二次世界大戦後、共産主義イデオロギーで理論武装したロシア帝国の継承国家ソ連の後ろ盾で帝国復活への道を開かれた中国とアメリカの綱引きの中で、朝鮮は統一国民国家として独立することができず、中国とソ連が支援する北朝鮮と、アメリカが支援する韓国に分裂し内戦（1950年、朝鮮戦争）になり、法的には現在も戦争状態にあります。そしてアメリカの国力の低下に伴う国際関係のパワーバランスの下で、朝鮮が中国の「新冊封体制」の下で内戦を終結し統一国家として独立する、それにどう向き合うか、それが「日韓問題」の本質だと私は思います。

5. 中華秩序の復興

地政学的、歴史的、文明論的に朝鮮が中華秩序の一部だったことを別にしても、世界経済の中軸がアジアに移りつつある現在、中長期的に韓国が中国に接近していくのは必然です。事実、韓国の輸出相手国の1位は中国で26%を占めており、2位のアメリカの12%と5位の日本の5%（2018年）の合計額をも大きく引き離しています。

領域国民国家システムとナショナリズムの所与を短期的に受け入れる以上、既に述べたように最大の不安定要因は、民族の内戦です。日韓問題に求められる視座は、日韓問題を超えて、東アジアの最大の不安定要因である朝鮮の内戦をいかに終わらせ、朝鮮統一にどうかかわるべきか、と考えることです。同じ意味で台湾と香港の問題も重要ですが、それは後で論じます。5年前ならアメリカ主導の経済制裁と軍事攻撃を組み合わせた北朝鮮体制転覆による南北統一のシナリオが第一オプションだったかもしれませんが、世界のパワーバランスが変った今、その可能性は小さくなっています。もちろん国家中枢にはそうしたシナリオのシミュレーションをする部署もなければいけませんが、今、私たち市民が向き合うべきは、中国を保証人とした南北朝鮮の統一の可能性の現実です。私たちはそれから目を背けるのではなく、その可能性に対して備えなければなりません。

短期的には、ナショナリズムと領域国民国家システムは所与であり、全てのネーション

（民族・国家）は他のネーションに対して「敵」ですが、中長期的にはその限りではありません。特殊近代西欧的で多民族、多宗教なアジアや中東には「相性が悪い」ナショナリズムと領域国民国家システムは中長期的には解体過程にあり、それが中国、ロシア、中東などで顕在化しつつある文明と帝国の復興と再編です。東アジアの文脈ではそれは中華秩序の復興となります。私たちは中華秩序の復興を念頭に日韓関係の未来を考えなければいけないと私は考えます。中華秩序の復興といっても、前近代の冊封体制をそのまま復興しようというわけではありません。私たちはノイラートの船の住人であり、中華文明と冊封体制の遺産で継ぎ接ぎしつつ制度疲労を起こした領域国民国家システムを新しい人類の共存のシステムに組み替えていくしかないのです。

領域国民国家システムの最大の問題点は、領域、民族、主権を一義的に暴力装置である国家の力で暴力的に決定するその硬直性にあります。実のところ、アジアでは領域国民国家システムはそのままでは機能しないため、中国も、新疆ウイグル自治区や香港の特別行政区のような変則的な制度を有しています。また中国革命がモデルにしたソ連は連邦制度であり、連邦を構成する共和国があり、さらにその下に自治共和国が存在しました。また台湾（中華民国）には現在に至るまで中国（中華人民共和国）の実効支配は及んでいませんが、中国はそれを台湾州と呼んでいる一方で、台湾を実効支配する中華民国は中国全土の支配の正統性を唱えています。このような「同床異夢」による曖昧で緩やかな共存が可能であることが前近代の「帝国」の特徴だったのです。もちろん、可能性は可能性であり、いつもうまくいっていたわけではないことは言うまでもありませんが。

このような曖昧な「同床異夢」を制度的に可能にすることこそが、中華秩序の復興です。しかし中華秩序の制度的再構築はまだ先の話ですので今具体的に述べることにはあまり意味がないでしょう。ここではテーマである日韓関係にもかかわるその政治思想の本質に限って要点のみを記しましょう。現在の共産党の支配する中国もまた中華思想の枠組で理解できます。それは法家の法治主義による覇道です。中国文明の政治思想の本流は徳治による王化です。儒家の徳治の王道の理念を法家の法治による覇道の併用により補完し、さらに伏流にある道家の無為自然の無政府主義によって奥行きを持たせたものが中華文明の政治思想です。

中国を覇道の共産主義から中華文明の王道に引き戻す、と言うと夢物語のように聞こえるかもしれませんが、そうではありません。中国自体、北京大学の潘維《パンウェイ》が「当代中華体制」の名で論じているものです。彼は、儒教における民の重視を西洋の民主政治に対応させています。また中国人民大学の康暁光《カンシャオグァン》は西洋的な民主化を拒否し、市場経済化が進み説得力を失った史的唯物論に代わり中国の権威主義体制に正統性を与えるのは儒教だと述べています。また深圳大学の教職を辞した儒学者蔣慶《ジャンチン》は現在の中国には公羊学の「王道政治」に基づく正統性が必要だと述べています。*1

話を戻しましょう。復習しておくと、領域国民国家システムにおいて、同じネーション

（国・民族）だけが「友」であり、それ以外はすべて「敵」、「潜在的な敵」です。この領域国民国家システムは西欧でうまれたものであり、多民族、多宗教の他の地域にはうまく当てはまりません。20世紀の初頭には、まだ領域国民国家ではない国家形態が存在しました。中東欧のオーストリア＝ハンガリー帝国、オスマン帝国、ロシア帝国、中国の清朝という多民族帝国でした。１９１２年に辛亥革命で清朝が倒れ中華民国が成立したのに続き、第一次世界大戦の敗戦でオーストリア＝ハンガリー帝国、オスマン帝国、ロシア帝国が倒れます。オーストリア＝ハンガリー帝国、オスマン帝国、ロシア帝国は現在のオーストリア、ハンガリー、トルコ、ロシアに加えて、チェコ、スロバキア、ポーランド、ウクライナ、ルーマニア、スロベニア、クロアチア、セルビア、モンテネグロ、ボスニア・ヘルツェゴビナ、シリア、レバノン、イラク、パレスチナ、イスラエル、ヨルダン、エジプト、ギリシャ、アルジェリア、キプロス、アルバニア、ベラルーシ、モルドバ、フィンランド、アルメニア、アゼルバイジャン、グルジア、カザフスタン、キルギスタン、タジキスタン、トルクメニスタン、ウズベキスタン、リトアニア、エストニア、ラトビアなどの領域国民国家を含んでいました。冷戦後の紛争がこれらの地域に集中していることも、かつての文明圏、帝国の圏域が領域国民

＊1　滝田豪「現代中国のアイデンティティと「伝統」――近代政治思想と儒教――」『京都産業大学世界問題研究所紀要』、２０１５年、４～８頁。

国家システムのアキレス腱であることを示しています。

大日本帝国による大東亜共栄圏の構想も、西欧の帝国主義的ナショナリズムの装いをまとった日本民族による異民族王朝中華帝国（満州族の清朝）の衣替えともいうべきものでした。それは中国東北部の日本の傀儡国家満州国のスローガンが中華民国の標語「五族共和（満蒙回蔵漢）」をもじった「五族協和（漢満蒙朝和）」と王道楽土であったことからも明らかでしょう。

私は日韓問題の未来は新しい中華秩序の構想の中で考えるべきだと思います。そしてそれには、民族を絶対化せず、さまざまなアイデンティティを有する集団が複雑に絡み合ってネットワークを作り重層的に繋がって共存してきた過去の多民族帝国の経験に学ぶことが重要だと思います。韓国は朝鮮民族をベースに北朝鮮との統一を目指すとの仮定の下に、日本が新しい中華秩序の中で韓国と連邦を組む方法を考えてみましょう。第一にそれは既に述べた中華文明圏の儒教的な政治理念です。大日本帝国は、脱亜入欧を目指し西欧の帝国主義的ナショナリズムによって武力による覇権を目指して失敗しました。過去の失敗に鑑み、今求められるのは徳による王化、現代風に言うとソフトパワーによる連邦形成です。しかし民族が異なる韓国と日本が連邦を組むには伝統的な中華文明の共有だけではたりません。それは日本と韓国が多様性を有する社会であり、K-POPやドラマ、アニメ、囲碁、野球など、多くの文化的共通点によって繫がることができるからです。「多様性を有する社会」は、「自由な社会」と言い換えることもできます。アメリカ好みの言い方をするなら「自由民主主義」の社会です。

6. 東アジアの「自由民主主義」陣営の連邦化

アメリカの武力を背景に、東アジアの「自由民主主義国家」韓国、日本、台湾が緩やかな連邦を組んで、覇道の中国と勢力均衡をはかり、長期的には徳治の王化によって王道に戻すことが目標になります。しかし「自由民主主義」などという偽りの看板に騙されてはなりません。どのような国家にも強制と禁止があります。しかし逆にあらゆることが統制されていて自由が全くない国家も存在しません。何を自由と感じるかは国によって違い、自由度もそれぞれ違います。大海を自由に泳ぐダイオウイカは空を飛ぶ自由がない、と言われても困るでしょう。大空を舞う鷲にお前は深海に潜れないから不自由だろう、と言うのは言い掛かりです。といって何もかも相対的で自由を論じる意味がない、と言っているわけではありません。鳥籠に閉じ込められた鷲はきっと不自由ですし、ダイオウイカを金魚鉢で飼うのは虐待でしょう。

自由は「有る・無い」という二元コードで語るものではありません。北朝鮮や中国が絶対善の「自由の国」ではないようにアメリカも「自由の国」でなどありません。もちろん、日本も韓国もです。善と悪の二元コードで語ることは楽で気持ちよいものですが、知的にはたいてい自殺行為です。それでも日本と韓国を「自由主義」陣営と呼ぶことができるとすれば、それは、北朝鮮や中国だけでなく、自分たちの国をも「自由の国」でなどない、と私たちが言うことのうちにしかありません。そしてそれは、私たちの「自由」な体制を「敵国」に押し付けるのではなく、私たちの「自由」のうちに招き入れること、つまり、私たちが国境を開き、東アジアの同胞たちが自由に行き来できる国にすることによって保証されると私は考えています。

為政者を国民が直接選び、国民がその為政者の上に立ち国民が批判できることとは、私たちが考える「民主主義」と「自由」の意味でしょう。韓国では先の大統領朴槿恵《パククネ》（1979年に暗殺された第3代大統領朴正熙《パクチョンヒ》の娘）が弾劾で罷免され逮捕されたのは記憶に新しいですが、他にも盧泰愚《ノテウ》は退任後軍法会議で懲役刑、李明博《イミョンバク》は退任後に在職中の汚職で逮捕され、盧武鉉《ノムヒョン》は弾劾は棄却されたが退任後収賄で捜査され自殺しています。その意味では韓国は、日本は言うまでもなく、アメリカよりも民が強い「民主主義」の「先進国」とも言えます。しかしこうした韓国の政治意識は西欧の民主主義ではなく、儒教の人治、徳治の枠組、不徳な為政者は天命を失い放伐されるとの孟子の易姓革命論を下敷きにしているように私には思えます。実証は困難ですが、重要なことは、私たちにはすぐそういう連想がはたらくということで、それは西欧的な意味では自由と民主主義の対極にある北朝鮮の体制についてさえ言えることです。

香港情勢を考え合わせると、新しい中華秩序を念頭に日韓関係を考えるべき時は今だと考えさせられます。多民族、多宗教——現在ならむしろ様々なイデオロギーと言った方がよいかもしれません——が緩やかに共存する新しい中華秩序を実現するためには、香港の「一国二制度」、台湾、新疆ウイグル自治区の存在が、そこから中国を徳治の王道に引き戻す要石となるでしょう。

2019年逃亡犯条例改正案提出をきっかけに始まった反対デモは主催者発表で最大約200万を集め、逃亡犯条例改正案を撤回させました。台湾でも「香港加油（香港がんばれ）」の声があがり、香港でのデモに呼応して「光復香港時代革命（香港を取り戻せ我々の時代の革命だ）」のスローガンが叫ばれるようになっています。9月には10万人規模のデモが組織され民主進歩党の幹部らも参加しました。また中国政府の度重なる警告にもかかわらず香港でのデモが収束せず、中国の人民解放軍の介入、武力弾圧が懸念されるようになったため、アメリカは2019年11月、一国二制度の存続のために香港人権民主主義法を制定しました。また12月8日には香港の民間人権陣線が呼びかけた「世界人権の日」の記念集会に韓国市民団体「参加連帯」などの訪問団が参加し、「長い間民主化闘争を行ってきた韓国とこの6か月間デモを続けてきた香港の経験を共有するため香港を訪れた」と述べ、民主化を求める香港市民のデモへの連帯を表明しました。また香港のデモは、中国の人権弾圧状況への関心を呼び起こし、アメリカ議会下院はウイグル人権法案を可決しています。

結語

日本は今、東アジアの「自由民主主義」陣営の一員として、韓国、台湾、香港と連帯し、複合的なアイデンティティを持つ多様な集団の重層的なネットワークが緩やかに統合された新しい中華秩序の中の一つのハブとなるか、文明圏と帝国の再編の時代に取り残され、友邦もなく孤立しアメリカと中国の覇権争いの草刈り場になるかの選択を迫られており、日韓関係の再構築は日本の未来の試金石だと私は考えています。

炎上案件に手を出す者は、
必ずや己の身を
焦がすことになる

小田嶋隆

小田嶋隆（おだじま・たかし）
1956年、東京都生まれ。早稲田大学卒業後、食品メーカーに入社。1年ほどで退社後、小学校事務員見習い、ラジオ局ADなどを経てテクニカルライターとなり、現在はひきこもり系コラムニストとして活躍中。著書に『上を向いてアルコール』『小田嶋隆のコラムの切り口』（共に、ミシマ社）、『地雷を踏む勇気』『もっと地雷を踏む勇気』（共に技術評論社）、『その「正義」があぶない。』『場末の文体論』『ア・ピース・オブ・警句』（以上、日経BP社）、『友だちリクエストの返事が来ない午後』（太田出版）、『ポエムに万歳！』（新潮文庫）、『ザ・コラム』（晶文社）など多数。

引き受けてしまうなんて……

正直なところを申し上げるに、私は、自分が日韓関係に関して、ヒトサマに聞かせるに足るプランを提供できるとは思っていない。なにより、私は、両国の近現代史への基礎的な知識を欠いている。両国の政治や外交関係についても、自前の情報や見聞を持っていない。そんな人間が、日韓両国の近未来を題材に、思いつきの説教を垂れることは、この分野を専門として研究を積み重ねている研究者や、両国の間に立って、日々、神経をすり減らす交渉事や利害の調整に腐心している政治家やジャーナリストの皆さんに失礼だ。それ以上に、彼らの日常の努力に泥を塗る所業でもある。

なので、この話（↑日韓関係をネタに1万文字程度の原稿を書くこと）のオファーをいただいた時、私は一も二もなく、お断りするつもりでいた。

素人が口を出すことで議論が活性化する分野もあれば、そうでない分野もある。日韓関係をめぐる議論は、おそらく後者だ。

とすれば、畑違いどころか、狩猟採集生活の経験しか持っていない書き手である私が、このフィールドの仕事から身をひくのは、単にライターとして穏当な判断である以上に日韓両国にとって適切な選択肢だということになる。

研究対象として日韓関係の出来事を継続的に観察している専門家でさえ、議論のネタとして両国間の問題を扱う仕事を、ときに持て余し気味だったりする。というよりも、議論をしたり、論争をたたかわせたり、観測気球をぶちあげたり、提言を開陳したりする所作の多くが、かえって問題をこじらせているというのが、この5年ほどの間に、日韓両国間にみるみるうちに広がってしまった泥沼の実態だったわけで、とすれば、専門家ですらあえて見ないふりをして遠ざけている火中の栗に、素人が手を突っ込むのは愚挙以外のナニモノでもない……と、私はここまではっきりとわかっていたのである。

それなのに、仕事を引き受けてしまった。

致命的な間違いだったと思っている。

ただ、この困難な現状から導かれたとっさの思いつきのひとつとして、私は、日韓両国を金縛り状態に陥れているデッドロックが、できもしない仕事を引き受けてしまったことで引き起こされているあれこれの面倒事と、大筋においてとてもよく似ていることに思い至っている。してみると、もしかしたら、私は、自分自身の個人的な苦境を突破することで、日韓のすれ違いや行き違いや考え違いに関して、多少とも参考になる体験談を提供できる立場に立っているのではなかろうか。

てなわけで、以下、私が個人的に直面している困難と、日韓両国がともに陥っている歴史的な膠着状態を両睨みにしながら、それらの解決に向けた施策を模索してみることにする。

私が、無事1万文字程度のテキストを書き上げることができたのであれば、私の問題は、形式上、一応の解決にたどりついたことになる。

もっとも、私が個人的なノルマを果たし得たからといって、そのことが、日韓関係の改善に結びつく保証は、ひとつかけらもありゃしない。そんなことはわかっている。しかしながら、少なくとも、一度は出口の見えない暗闇の中でもがいていた人間が、見通しのきく場所まで歩み出た過程を、読者の前で明らかにすることができれば、何かの足しにはなるはずだ。そう思って、できれば、結論を急がずに、最後まで読んでみていただきたい。

私は勉強しないことにした

良心的な文筆家の苦境は、多くの場合、義理にからんだ仕事を断れないところからはじまる。

というのも、文筆は、理知と明察がドライブする仕事であるようでいて、その実、東アジア的な義理と人情でがんじがらめになっている、昔ながらの田舎くさい地獄でもあるからだ。文章を文章たらしめている主体が、書き手のうちにあらかじめ備わった悟性であることは申すまでもない。そしてその悟性とは、義理人情とは正反対の概念だ。ということはつまり、このことは、義理だの人情だのにほだされていたりからめ取られていたりする人間に、マトモな文章が書けてたまるものかという観察を含んでいるわけだ。

ところが、その一方で、出版業界のリアリティにおいて、義理を欠いた書き手は相手にされない。また、人情の機微を理解しない人間は、業界を泳ぎ切ることができない。

そんなわけなので、現実の出版世界で業を営むリアルな文筆家は、文章を書き進める作業においては論理的な明晰さに依拠している一方で、人付き合いや仕事選びに関しては、前近代的かつ退嬰的なムラ社会の伝統に縛られている。具体的に申し上げるなら、恩義のある先輩への義理を欠くことなく、なおかつ年齢の若い仲間との間に醸されている人情を踏みにじらない書き手だけが、草も生えないこの業界の砂漠に花を咲かせ得る存在だということになる。つまり、強くなければ生きていけない、優しくなければ生きている価値がないという、あの昔なじみの男根的屈従圧力だ。最近の言葉では、「ダブルバインド」という、より端的な言い方で表現される。ともあれ、その板挟みの境地の中からしか、実効的な原稿は生まれない。そういうことになっている。何という生産性の低い産業ではあるまいか。

さて、執筆が停滞する状況が続くと、うまくしたもので、

「日韓の政治状況や両国の近現代史への知識が乏しいことは、考えようによっては、いっそイチから勉強する良い機会を与えられたということではないか」

てな調子で、ド素人をはげましてくれるありがたい先輩があらわれる。

たしかに、ちょっと聞くと、素敵なアドバイスに聞こえる。

いいかね、オダジマくん。はじめから専門家だった専門家はいない。誰もが無知蒙昧の初心者から出発して碩学への第一歩を踏み出すのだよ。

なるほど、言われてみればその通りだ。背広を着て生まれてくる赤ん坊はいない。誰もが成長の可能性を持っている。

とはいえ、現実的に考えれば、少なくとも40歳過ぎた人間は、その種の自己啓発的な助言にうっかりと乗せられてはいけない。なぜというに、自己啓発というのは、自分が成長することを前提として逆算する都合の良い妄想なのであって、そんな当たる馬券だけを買うことで家計を好転させるみたいなスキームに、いい大人が乗っかるわけには参らぬからだ。

でなくても、一夜漬けの勉強が、仕事をする上での杖として、ほとんどまったくモノの役に立たないことは、私自身何度も経験してよく承知している。

付け焼き刃の知識に乗っかって文章を書くと、必ずや後悔することになる。このことはどれだけ強調しても足りない。

知らないなら知らないで、自分自身が無知であることを自覚したうえで、そのことを前提にものを言わなければならない。そうやって自重していれば、多少間違ったことを書いても、大きな怪我はしない。

ところが、なまじに文献を渉猟したり、ウェブ年増よろしく通りすがりの情報を収集しにかかってしまった書き手は、結果として、半可通のマナーで原稿を生産することになる。と、半可通の常として、昨日今日覚えたばかりのわずかな知識量がもたらすメリットよりも、素人の謙虚さを失うことの害悪をその身いっぱいに受け止めなければならなくなる。それで恥をかくことになった書き手は、私自身を含めて枚挙にいとまがない。

原稿を書くために一夜漬けの勉強をして、なんとかモノになるのは、勉強をする当人が、その対象に対して、当事者としての真摯な関心を抱いているケースに限られる。今回の場合に即して言うなら、私が、かねてから日韓両国の間でくすぶり続けている諸問題について、自分なりの思考を傾けてきた時間の蓄積を持っているのであれば、仮に知識や情報の部分を、一夜漬けの勉強で補う形で原稿を書いたのだとしても、なんとかそれらしい結果を出力することができたかもしれない。

しかしながら、私は日韓の問題に生身でかかわってきた人間ではない。

もちろん、現代の日本人としての通り一遍な関心は抱いているが、それとて、当事者の抱いている覚悟とは比べられない。しょせんは、野次馬の好奇心に過ぎない。そんな男が、義理で引き受けた仕事の体裁を整えるために、インターネット経由で情報収集をしたところで、マトモな原稿を出稿できる道理はない。どうせ誰の目にも見破られる軽薄なテキストを発信することになる。

なので、私は、あえて勉強はしないことにした。

であるからして、もっぱら、正直ということだけを武器になんとかこの話題に建設的なアプローチを試みている次第だ。

微妙に炎上させてみる?

正直な話をする。

実は、ほんの半日前まで、私は、ある計画に熱中していた。

その計画というのは、この原稿を書かずに済ませて、なおかつ書籍の売上に貢献することで義理を果たす方法にまつわるものだ。

なるほど。ちょっと耳寄りなプロットだ。

それを、私は、3日ほど前に立案して、得意になっていた。

「おお、これでイケるぞ」

と、自信満々だった。

で、そこから丸2日ほどかけて、計画の細部をあれこれ煮詰める作業に没頭していたわけなのだが、結局、仔細に検討した結果、最終的に、当該のプランがどうやら自分が思っていたほど現実的ではないという結論に到達して、計画の実行を断念する決意に至ったのが、この原稿を書き始めた今朝というタイミングに当たる。

ありていに申し上げるなら、結果として、私は、この丸3日ほどの時間を、バカな妄想のために棒に振ったわけです。

ただ、実行を断念することになったそのプランは、あらためて見直してみるに、その筋立ての根本部分において、日韓関係の機微に触れる部分を持っている。そこのところが、ちょっと面白いといえば面白い。

というよりも、日韓の間にあるすれ違いの実相は、案外、こういう素人の妄想の中に典型的な形で顕現しているものなのである。そう考えるとわりとすんなりと説明がつく。

そんなわけなので、ボツにした計画をここで紹介する。

計画の第一段階は、

「オダジマがこの書籍のために、日韓問題を微妙に炎上させるネタを書いて、その結果、原稿がまるごとボツになりました」

という噂を広めるところから始まる。

この段階の作業は、私が自分のツイッターで拡散すれば足りる。

「実は○○社の日韓論のアンソロジーに寄稿したのだが、原稿がボツになった」

「なんでも、ゲラの段階で、さる方面からクレームがはいったことがボツの原因らしい」

「私個人としては、他愛のないジョークだと思っているのだが、どうもジョークでは済ませたくない人々がいる。いやな世の中になったものだ」

「日韓の間の空気は、罪のない些細なジョークを許さない段階に到達している」

「それにしても、あんなジョークでブチ切れるのって、いくらなんでも、おとなげないよなあ」

てな調子で、20万フォロワーに向けて、クレーム案件の噂を匂わせれば、それなりの話題を呼ぶはずだし、その騒ぎによる宣伝効果が、書籍の売上にとってプラスになるに違いないというのが、その身勝手な妄想の中での私の読みだった。

肝心なのは「韓国側のさる筋からクレームがつくジョークのネタ」を具体的にどうするのかだ。

で、そのネタを、この丸2日ほど、あれこれといじくりまわしていたわけなのだが、実際にやってみると、こいつの落としどころが、わりとむずかしい。

そのジョークは、韓国人および在日韓国人にとっては、許しがたい揶揄的な言及である一方で、普通の日本人にとっては、「えっ？　こんなおやじギャグで怒り心頭に発するヤツなんているの？」と思える、他愛のない冗談の外形を整えていなければならない。

そんなジョークが存在するものなのだろうか……と思ってしまったがさいご、私は、そのネタを考えつくためにその日の午後から翌日の深夜まで、ろくに睡眠もとらずにネタのメモを作り続けた。

もっとも、具体的なジョークのディテールは、実際に原稿として書き起こすわけではない以上、たいして精密である必要はない。

要は外形というのか、他人に話す時のスケルトンとしての構造さえおおまかにできていれば良い。たとえば、

「慰安婦と徴用工のロマンスをショートショートに仕立てた反地下のラブストーリーを書いたんだけど、どういう経路でゲラを読んだんだか、さる知日派の文化人がぶんむくれたメールを送ってよこした」

であるとか、

「日韓ハーフの美少年を主人公に据えて、独島に生息する固有種のドクトカゲを研究する若き学究の栄光と挫折を描いたミュージカル『独島毒蜥蜴の光と影フォーエバー』っていうのを書いたんだけど、なぜなのかチューインガムの会社から強烈なクレームが来てその日のうちに掲載見送りが決まった」

だとかいった、それらしい噂を流せばそれで話は足りる。

というのも、この段階でのわれわれの狙いは、炎上させることではなくて、「炎上したという噂」を拡散させて、その「炎上の噂」を販促に役立てることだからだ。

まるで笑えない差別ネタ

とにかく、このネタを思いついて丸一日ほど、私は自分のアイディアに夢中になった。

オレはなんてアタマが良いんだ、と、午前中いっぱいニヤニヤが止まらなかった。

でも、あれこれの可能性を検討するうちに、熱は徐々に冷めて行くことになった。

理由は、当初想定していた「日韓双方の硬直的な人々を笑い飛ばす、おバカで不謹慎でちょっと神経にさわるけれども、全体としては無害なネタを散りばめた噂をばらまくことで、日韓の間で膠着している空気に風穴を開ける」というまわりくどいプランが、そもそも妄想に過ぎないことが、徐々にはっきりしてきたからだ。

そもそも
「韓国人ならびに在日韓国人が腹を立てる一方で、普通の日本人はたいして気にもとめないようなジョーク」

なんてものが、現実にあるのだとしたら、それはそのまま、真正面ド直球の「差別」それ自体ということになる。

あれこれ考えるうちに、私は、

「これ、ちょっと笑える感じもするけど、やっぱり言われた方からしてみればあからさまな差別だよなあ」

というネタをいくつか思いついた。

で、それらを原稿の形に書き起こした後、しばらくしてあらためて読んでみると、自分で考えたネタでありながら、まるで笑えないいやがらせであることに思い当たってしまう。

最終的には、

「そもそもこんな凶悪なメタファーで笑えると思っていたオレのセンスはどうなんだ？」

というところに行き着く。

これは、なかなかつらい瞬間だ。

というのも、自分で笑えると考えていた地口やダジャレのたぐいが、どれもこれも、両国民の間にわだかまっている不穏な感情を刺激する差別ネタに過ぎないことに気付かされてしまった形だからだ。

笑いが、感情を活性化させる装置であることは、多少とも笑いにかかわる表現に携わった人間が誰であれ必ず気付かされるポイントなのだが、皮肉なことに、笑いが活性化させているわれわれの「感情」そのものが、少なからず差別や悪意を含んでいる以上、無害な笑いというのは、絵に描いた餅に等しい。

実際のところ、差別とジョークを峻別するのは極めて困難だ。

差別は常にジョークの要素を含んでいるものだし、またジョークの中にはかなりの度合いで差別意識が混入している。

してみると、私が当初考えていた

「炎上したという噂だけを利用して実際には炎上させない」

という境地も、現実には存在しない妄想上の領域に過ぎなかった。

炎上は、煙だけを利用できるようなハンディなツールではない。炎上案件に手を出した人間は、必ずや自らの身を焦がすことになる。悪くすると焼死体になる。焼死千万。うん、わかっている。まるで面白くない。

ジョークの後に残るもの

さて、今回のなりゆきのなかで、わがことながら、有意義だと考えているポイントは、日韓周辺のネタをいじくり回したあげくに、自らボツにした経験を通じて、私の中にある気づきが生まれたことだ。

その気づきとは、何かをジョークのネタにする目的で分析しにかかったときにはじめて発見できるタイプの構造があるということだ。

今回、日韓関係をネタにジョークを作ろうとして失敗した私は、両国の関係が、まるでネタにならないことを発見した。ネタにするには、熱が高すぎるのだ。

仮に日韓の間に笑えるネタを見つけ出すことができたのだとしても、そこから生まれた笑いには、必ずやいやな余韻が宿ることになる。

笑いの後に残るものは、あるいは、シンプルな敵意であるかもしれないし、軽侮や嫌悪の感情であるかもしれない。揶揄や嘲笑の色彩を帯びている場合もあれば、純粋な殺意そのものを物語ってしまうケースさえある。いずれにせよ、一つの境界線をはさんで二手に分かれている人間たちの間で交わされる対話は、素直には響かない。必ず歪んだ届き方をする。とすると、両者の関係を改善するために、言葉は当面あまり役に立たない。

では、いったい何が日韓の問題を解決に導くのだろうか。

うまい答えを提示することができれば良いのだが、ここは、私のような者が素敵な回答をひけらかすための場面ではない。

強いて言うならだが、私は、日韓問題を解決に導くものがあるのだとするなら、それは、「時間」ということになるのだろうと思っている。

時間は「解決」してくれるのか

いや、タネを明かせば「時間が解決する」ということの言明は、実は詭弁だ。

というのも、これは、「時間の経過を待つ以外に解決への方策が見いだせない」ということを別の言い方で逆方向に言ってみせただけの逆説だからだ。

そもそも「解決」は、人智による状況の改善を想定している。われら人間の知恵なり努力なりの力が関与して、膠着化した交渉事や手がかりを失っている計画を再起動させることができた時にはじめて「解決」という言葉が使われる。あるいは、シャーロック・ホームズであるとか、ポアロであるとかいった水際立った名人が難事件の謎を解いた時に、その見事な手腕に対して「解決」という言葉がプレゼントされる。

ところが「解決」の主体が、「時間」である場合、その解決には、一切の人間力の関与が働いていないことになる。とすれば、それは本当の意味の「解決」ではない。秋に枯れ葉が落ちたり、100日生きたワニが計画者の目論見通りに死んだりする、あらかじめ定められていた運命とも呼ぶべき時間の作用が可視化されたに過ぎない。

ということは、「時間が解決する」という言い方は、そのまままっすぐに「解決不能」であることを物語っていることになる。

してみると、締めの言葉として、この絶望的な命題を持ってくるのはあまりにも残酷かもしれない。

そこで、最後に、笑えない話を時間が解決した実例をお伝えすることで、この救いのない原稿にほっこりとした読後感を付け足しておくことにする。どうか、こころやすく受け止めてほしい。なあに、時間さえ経過すれば、良くなるべきものは必ず良くなる。そういうことになっている。

予備校時代に知り合った友人にMという男がいた。

私は、この男の自分自身はニコリともしないで話すジョークの感触が好きだった。

ある時、その彼が祖父の話をした。

Mによれば、彼の祖父は、宮大工だった。若い頃は、明治神宮の造営だか修理だかにもかかわったことのある、その世界ではちょっと名の知れた腕の良い職人だったのだそうだ。

しかし、爺さんは大酒飲みだった。

それゆえ、晩年は、家族の者や弟子（という言葉を使っていたと思う）が心配して、なるべく高いところでの仕事には関わらせないように気を配っていた。

それでも、爺さんはやはり高いところが好きで、しかも、その高い場所に日本酒の五合瓶を持って上がり、地上を見おろしながら酒を飲む習慣をたいそう愛していた。

ここまでが、前置きだ。

Mによる彼の爺さんにまつわるジョークは、ある日、私が自分の校内模試の英語の成績について述べた述懐にかぶせる形で発信された。

「うるせえな、大丈夫だよ。オレのことはオレが一番わかってるんだから」

と私は言った。

すると、Mは、私のその言葉に大笑いしながらこう言った。

「オダジマくん。その言葉はオレの爺さんの遺言そのまんまだぞ」

「ん？　どういう意味だ？」

「だからさ。うちの爺さんは、死ぬ前の最後の一言で、いまオダジマが言ったそのまんまの言葉を言ってたわけだよ。これが笑わずにいられるか？」

「だからどういうことさ」

「つまり、爺さんは、オヤジとかが降りてこいって言う制止を振り切って、現場の骨組みの上で酒を飲んでたわけだよ。それで、大丈夫だオレのことはオレが一番わかってるって言い張って、その1時間後に足場から落ちて死んだんだよ」

「……っていうか、それぜんぜん笑える話じゃないと思うけど？」

「そりゃまあそうだよな。オレらだって笑える話になるまでには10年かかっている。でも、基本、10年たったらなんだって笑い話だぞ。なにしろ大丈夫だって、自分で大威張りで言っといて、そのまんま落ちて死んだんだから」

なるほど。

どんなにひどい話であっても、10年たてば笑い話になる。

素敵な落ちだ。

10年後に、この本が笑い話になっていることを祈ろう。

東アジア共同体をめぐる、ひとつの提言

鳩山友紀夫

鳩山友紀夫（はとやま・ゆきお）

元内閣総理大臣、東アジア共同体研究所理事長、日本友愛協会理事長。東京大学工学部卒業、スタンフォード大学工学部博士課程修了。86年、総選挙で旧北海道4区（現9区）から出馬、初当選。93年、自民党を離党し、新党さきがけ結党に参加。細川内閣で官房副長官を務める。96年、民主党を結党し代表に就任。98年、旧民主党、民政党、新党友愛、民主改革連合の4党により（新）民主党結党。2009年、民主党代表、第93代内閣総理大臣に就任。10年、総理大臣を辞任。12年、政界引退。13年、一般財団法人東アジア共同体研究所を設立、理事長就任。氏名表記を鳩山由紀夫から鳩山友紀夫に変更。

チマチョゴリを着た子どもたちからの歓迎

ソウル市から車で1時間くらい走ったところにある韓国基督教エデン聖会の前に降り立ったときの感激は今でも忘れられません。

時は2019年10月下旬、日韓関係が戦後最悪と言われている時期です。車から降りたときに迎えてくださったのは、チマチョゴリを着たかわいらしい小学生と思われる子どもたちでした。50人くらいはいたでしょうか。彼らが手にしていたのは日本と韓国の旗でした。そしてみんな一生懸命に両国の旗を振って私たちを迎えてくれたのです。旗は国のシンボルです。その国が憎いとなると旗が燃やされることもあります。まさに日韓関係は過激な韓国人によっては日の丸の旗が燃やされかねないような時期でした。しかし彼らは違いました。日本の国旗を振って日本人の私たちを歓迎してくれたのです。もちろん、子どもたち一人ひとりが日韓関係が最悪のときだとわかっていたわけではないでしょう。それが教会の牧師さんのご指示であったとしても、子どもさんたちのご両親がやりなさいと命じていたとしても、子どもたちの健気な振る舞いはとても感動的でした。

まず最初に申し上げたいことは、いくら日韓関係が政治的に戦後最悪に厳しい状態だと言われていても、一般の韓国人がみんな日本嫌いとなっているわけではないということです。確かに日本を訪れる韓国人の観光客が激減しているのは事実でしょう。しかしそれはこういう日韓関係の時には日本を訪れるのは控えておこうという程度の話で、嫌いだからもう行かないというのではないと思うのです。その証拠に、私はこの1年の間に10回韓国を訪れましたが、一度も韓国で嫌な思いをしたことはありません。韓国を訪れた私の友人たちもみなそう言っています。むしろ今回は世論調査でも日本人が韓国嫌いになっている比率が高いように感じます。多くの日本人は日本人より韓国人のほうが激しやすいと思っているように感じますが、現在は日本人のほうがより激しているように思います。

日本の若者たちや女性のみなさんの中には、熱狂的なK-POPファンが多いとも聞いています。K-POPなどアイドルグループの芸能活動は国境を越える貴重な財産です。そして若者や女性は政治状況に左右されずに行動できる自由度を有しています。彼らが日韓の壁を乗り越えるエネルギーを発揮してくれるときに、政治も彼らのエネルギーによって牽引されていくのではないかと期待したいです。

三・一運動国連ユネスコ平和大賞

エデン聖会に伺う前日、私はソウルの国会議事堂内の韓風の部屋に通されました。そこでは元農林水産部長官の金泳鎮《キムヨンジン》氏が出迎えてくださいました。彼は現在、三・一運動国連ユネスコ世界記録遺産登録記念財団の理事長を務めておられます。この財団は三・一運動をユネスコの世界記録遺産に登録させようと活動している財団です。三・一運動とは、日本が朝鮮半島を植民地にしていた時代、1919年3月1日に発生した朝鮮人による民族独立運動です。第一次世界大戦の末期に民族自決を求める運動が世界的な広がりを見せていく中で、日本の植民地支配を世界に訴えようと、独立宣言をしようとして日本の官憲に逮捕された33名を支持した学生や民衆たちが、独立宣言を読み上げて「朝鮮独立万歳」と叫びました。日本は軍と警察が弾圧しましたが、この動きは全土に広がり、数千人が亡くなり、5万人近い方が逮捕される事態となりました。実際に独立を果たすまでにはその後数十年かかりましたが、三・一運動を契機に、日本の統治がそれまでの武断政治から文治政治に改められるなどの変化を促したことは事実です。独立運動の先駆けとなったこの運動を後世に伝えていきたい、そのためにユネスコの世界記録遺産に登録させたいと希望する方々が財団をつくられたのです。

この三・一運動記念財団が今年から三・一運動国連ユネスコ平和大賞を創設しました。平和大賞を国内部門と国際部門に分けて、国内部門の受賞者は柳寛順《ユグァンスン》さんでした。彼女は三・一運動が勃発した後、学校が休校になったので故郷に戻り、万歳デモを計画してアジ演説を行い、デモ行進を行った罪で懲役3年が宣告されました。西大門刑務所の中でも大規模なデモを主導して抵抗を続けて、結局17歳の若さで獄中死してしまいました。彼女はまさに平和大賞に相応しい方で、授賞式には身内の方が出ておられました。

そして、何と国際部門の第1回平和大賞の受賞者は私だったのです。なぜ私が選ばれたのでしょうか。候補はカーター大統領と私の二人だったそうですが、私になったのは、私が何度となく「無限責任論」を唱えていたからだと思います。でも「無限責任論」は、私が内田樹先生から教わったものです。ですから私は本当の平和賞受賞者は内田樹先生だと思っています。

もう一つ授賞理由があるとすれば、「おまえはこれからもっと平和のために頑張れ」と、韓国のみなさんが私の背中を押してくださったのでしょう。私が大変に驚いたのは、言うまでもなく三・一運動においては日本は独立運動を弾圧した敵役なのです。その敵役であった日本人の一人である私に平和賞を与えるという韓国のみなさんの度量の大きさです。殺した側の人間に殺された側の人間が平和賞を与えるなどという発想は、普通できないのではないかと思うのです。

「無限責任論」とは何か

ここで私が「無限責任論」のことを説明するのは、やや僭越ではないかと思いますが、内田樹先生のお許しを得て、私の理解する「無限責任論」をご紹介します。日本は第二次世界大戦において敗れた国です。日本は朝鮮半島などを植民地としていましたし、また中国などに侵略行為を行い、その間多くの一般の方々に多大な苦痛を与えてしまいました。したがって、日本は苦痛を与えた相手の人々に対して、相手がもうこれ以上謝らなくてもいいよと理解してくださるまで、謝罪する気持を持ち続けていなければならないということです。戦争に負けたということは、そういうことなのでしょう。

ただ、ならば戦争に勝てば、何でも許されるのでしょうか。ジュネーヴ条約など戦争時における人権に関する法律も存在していますので、戦時においても許されないことがあることは当然です。しかし、本来戦争に勝とうが負けようが、苦痛を与えたほうは苦痛を受けた一般の方々に対して、謝罪することは当然だと信じています。無限に謝罪すべきか否かは別として。

よく言われることですが、殴ったほうはすぐに殴ったことを忘れるけれど、殴られたほうは、殴られた痛みを決して忘れないのです。

日本はかつて朝鮮半島を植民地にしていたのです。それは明治維新の頃から、欧米列強に負けるなと殖産興業、富国強兵を国策として行い、琉球から始まって、アジアに自らの勢力を拡大させていきました。それを大日本主義と呼ぶことができます。大日本主義の結末は太平洋戦争での大惨敗でした。しかしその過程において、朝鮮半島に住む多くの方々が徴用工として過酷な状況下で労働させられたり、従軍慰安婦として働かされたり、また、侵略した先で多くの一般人が虐殺されたりしたのです。いくら国と国との間で条約ができて、国家間の関係は正常化しても、苦痛を与えられた人々の苦しみや憎しみ、遺族の悲しみが簡単に消えるものではありません。国家間の努力で消えかかった憎しみがふとしたことで再び燃え上がることもあるのです。

私が懸念しているのは、日本の進む道が周辺諸国に不安を与えて、消えかかった憎しみが増幅してしまったのではないかということです。日本は戦争に敗れた後、その反省の下で二度と戦争を、国際紛争を解決する手段として武力行使をしないと戦争放棄の憲法を制定しました。そして、軍事大国化ではなく、経済成長に力を入れて、一時は米国に次ぐ経済大国までになりました。

一方で日米安全保障体制の下で、沖縄を中心に米軍の基地化が進み、また朝鮮戦争の影響もあり、自衛隊がつくられて配備の増強がなされていきました。経済力が強まるにつれ、政治的発言力をも強めたいとの欲望から、軍事力を高めたいとの思いも強まってきたのでしょう。例えば、戦後、原子力の平和利用という名目で原子力発電所が各地に作られてきましたが、その隠れた目的は核兵器への転用を可能にする技術を保持するためでした。また、国連の安全保障理事会の常任理事国入りを果たしたいとの願いが高まった時期がありました。これらの日本政府の行動は周辺諸国に対して、日本が再びかつての大日本主義の時代に逆行するのではないかとの疑心暗鬼をもたらした可能性があるのではないでしょうか。

そして大日本主義への回帰の傾向がとくに強まってきたのが、第二次安倍内閣ではないかと思うのです。安倍政権の最大の安全保障体制の変更は、集団的自衛権の行使を限定的であれ容認したことです。これまで集団的自衛権の行使は憲法違反とされてきました。しかし安倍内閣は憲法を変えることなく、憲法9条の解釈を変更して、集団的自衛権の行使の容認を2014年に閣議決定したのです。そして翌年にはそれに基づいて、集団的自衛権の行使を容認する安保法案を成立させました。多くの憲法学者や歴代の内閣法制局長官、更には元最高裁判所長官が法案の違憲性を指摘したにも拘わらず、安保法案は委員会で強行採決されました。これは立憲民主主義国家としての日本の歴史に汚点を残しました。日本は侵略を受けたとき以外でも、戦争に参加することができるようになったのです。アメリカの要請を受けても、今までは憲法を盾に戦争に協力することはなかったのですが、今後は禁止されていた国際紛争を解決するための武力行使に参加せざるを得なくなるのではないかと心配です。

安倍首相は今でも憲法改正に意欲を燃やしていますが、集団的自衛権の行使に関しては、憲法を改正せずとも、その目的を達成していると言えましょう。なお、憲法改正自体については、私は安倍政権の下では成し得ないと理解しています。

さまざまな痛みや苦しみが蘇るとき

安倍首相はその思想的背景として「美しい日本の再建と誇りある国づくり」を掲げる保守

団体の「日本会議」を重視しています。彼らは例えば国防軍の発足を謳っていますが、安倍首相は彼らの右寄りの思想に共鳴していると思われます。また、これは偶然とは思われますが、6年余り前に安倍首相はブルーインパルスの練習機に試乗しました。その機体番号が731であったために、細菌兵器の開発を行った日本軍の秘密部隊であった731部隊を連想させて、韓国メディアが大騒ぎする事件がありました。

もっと直接的な問題は防衛費の増大です。安倍首相はトランプ大統領の要望に応じる形で、高額なイージス・アショア2基やF35戦闘機147機の購入を決めました。イージス・アショアは陸上配備型の弾道ミサイル防衛システムですが、既に中国ではこのイージス・アショアを無力化するミサイルが開発されていると言われています。F35は1機117億円もするステルス戦闘機で総額6・2兆円もするものです。さらには沖縄において米軍が使用し、既に何機も墜落して、欠陥機とも言われているオスプレイが自衛隊に配備されることになりました。そして南西諸島の与那国島、石垣島、宮古島、更には沖縄本島や奄美大島などで、自衛隊の配備の増強が進められています。その中のいくつかはミサイル発射基地として整備されてきています。

そしてこの度、海上自衛隊が中東に派遣されることになりました。イランとアメリカの双方に配慮して、中東海域での航行の安全確保の調査研究と言う名目で活動しますが、ペルシャ湾やホルムズ海峡には行かないとのことです。とにかく自衛隊を海外に派遣する実績を作りたい安倍首相の思いからの決定と思われるだけに、自衛隊の海外派兵がなし崩し的に拡大するのではないかと懸念します。

戦争放棄を謳った世界に誇るべき憲法が消え去ろうとしていくときに、過去の戦争で日本に痛い目に遭った人々のさまざまな苦しみが蘇って来るのです。

元徴用工の問題はそのような環境において生じたために、燎原《りょうげん》の火のごとく燃え広がったのです。第二次世界大戦中に日本の企業に徴用された朝鮮人や中国人の多くは、低賃金で過酷な労働をさせられ、亡くなった者も多かったと言われています。元労働者や遺族の方々が複数の日本企業を相手に訴訟を起こしていました。きっかけは２０１８年10月30日に、韓国の大法院が新日本製鉄に対して、韓国人４人へ１人当たり約１千万円の損害賠償を命じたことから始まりました。そのくらいの額ならば企業にとっては大きな負担ではありませんし、それで歴史の問題に終止符を打つことができるならばと、企業側はその判決に応じることができたと思われますが、そこに待ったをかけたのが安倍政権でした。

安倍首相や当時の河野太郎外相は、元徴用工の問題は１９６５年の日韓基本条約や請求権協定によって解決済みであり、このことを蒸し返す韓国側は国際法違反だと述べたのです（たとえば、２０１８年10月30日衆議院本会議代表質問への答弁）。確かに元徴用工の問題は日韓政府間では基本条約によって解決されたことになっています。しかし、日韓両国間でいくら請求権の問題が解決されたとしても、被害に遭った個人の請求権を消滅させることはないということは、政府が国会答弁で公式に繰り返し答弁しています。とくに1991年には参議院予算委員会で、当時の柳井俊二外務省条約局長は「日韓両国が国家として持っている外交保護権を相互に放棄したということであり、個人の請求権そのものを国内法的な意味で消滅させたものではない」とはっきりと答弁しています。

さらに、現在の国際人権法の考え方は、「個人の損害賠償権を国家間の協定や条約によって消滅させることはできない」のです。これが人権法の常識で日本も批准しています。ですから、日韓基本条約や請求権協定が両国間で成立していても、個人の請求権が消滅していないというのが、むしろ国際的に正しいのです。安倍首相が韓国側の国際法違反を主張するのは無理があるのです。

それにもかかわらず、日本は態度を硬化させて、韓国向け半導体材料の輸出規制を行い、さらには輸出に関して優遇するホワイト国から韓国を外す措置をとりました。政府はこの措置は決して元徴用工問題とは関係なく、安全保障上の理由と嘯《うそぶ》きましたが、それならばなぜ、このような日韓関係が深刻化しているこのときに、敢えてさらに悪化させる惧れがある難題を持ちだしたのでしょうか。元徴用工問題とは関係ないとするのには、これもまた無理があります。

それに対して、韓国も報復措置をとり、日本をホワイト国から除外しました。さらに韓国政府は日本が安全保障上の問題だとしてホワイト国から韓国を除外したのならば、韓国も日韓の安全保障上の問題をとり上げるとして、米国から要請された、日韓間の軍事情報をお互いに第三国への漏えいを防いで提供し合う協定である日韓軍事情報包括保護協定（ＧＳＯＭＩＡ）を延長せずに破棄することを宣言しました。ＧＳＯＭＩＡは破棄寸前に米国の強い圧力によって回避されましたが、日韓間の溝は深まったと言わざるを得ません。

謝罪外交でも自虐史観でもない

それでは深まった日韓間の溝をどうすれば埋めることができるのでしょうか。私は日本政府がそして日本人の多くが「無限責任論」を理解したときに、最大の溝は埋まると信じています。

私が「無限責任論」を主張すると、必ず国粋主義的な方々から、謝罪外交はけしからん、自虐史観は国辱ものだとの批判が出ます。また、謝るとお金を無尽蔵に取られるばかりだから、謝るべきではないとの声も聞こえます。しかしそれは間違っています。相手の心に響く謝罪をすることが大事なのです。２０１５年の従軍慰安婦問題の決着のような、謝罪したしお金も払ったんだから、もう二度と繰り返すなといった上から目線の解決では、被害者の方々の心に響くどころか、相手を逆に刺激してしまいます。また、殆どの被害者の方々は心からの謝罪を望んでいるのであって、お金欲しさで戦っているのではないのです。

冒頭に私はエデン聖会の教会に伺ったときに、子どもたちが入り口で日韓両国の旗をもって歓迎してくれた話をいたしました。子どもたちの振る舞いに感激して教会の中に入ると、どのくらい集まってくださったのでしょうか、５千人以上収容できる教会の一階はほぼ満席の状況でした。会場には私を迎えて日韓の和解集会という趣旨が掲げられていました。教会のイ・ヨンス牧師（総会長）は前日の三・一運動記念財団での平和賞授賞式にも出席しておられたので、私が授賞式でどんな話をしたかをご存知でした。そして同牧師は会場の信者のみなさんに向かって、私が「無限責任論」を述べたことを話されました。それに続けて牧師は、日本が私たちがもう謝らなくてもいいと言うまで、謝る気持ちを持ち続けると言うのならば、私たちももう日本を赦すべきではないかと述べたのです。とても嬉しい言葉でした。これが一般の韓国人の心境だと私は思います。

残念ながら現在の安倍政権には「無限責任論」は通じないでしょう。ですから元徴用工問題が今すぐに解決することは望めないでしょう。しかし今後「無限責任論」の合理性を日本の多くの方々に伝えていく必要があります。またその過程において、国際人権法や過去の政府答弁などの歴史的経緯も、国民に正しく伝えていかなければならないと思います。既に解決済みなのだから、問答無用だと感情的になりがちですが、事実を見つめ直す冷静さが求められます。

韓国側も決して感情的になっているわけではありません。元徴用工問題への解決案が文喜《ムンヒ》相《サン》国会議長などからも提案されていますが、その善し悪しは別として、例えば議長提案を取り上げてみても、日韓両国の企業や国民の寄付で解決を促すもので、決して責任を日本側にのみ押し付けるものではありません。お互いに感情を抑えて冷静に判断できる状態になるには時間を必要とするでしょうが、条件を付き合わせて元徴用工の問題をクリアできる日は必ず来るでしょう。ただやはり第二、第三の徴用工問題が生じないために、「無限責任論」を多くの日本人が理解するようになることが肝要と思います。

国家と国家をも結ぶ友愛の力

私はより根本的に両国関係を改善するためには、日本は平和憲法を守り、軍事的に強い国を目指す大日本主義には戻らないことを内外に鮮明にすることだと考えます。かつて日本に酷い目に遭った国々は、日本が再びいつか来た道に戻ることを何よりも恐れています。そして先ほど示したように、安倍政権になってとくに大日本主義の兆候がさまざま見られるようになってきたことに懸念を感じています。あくまで米国の依存の下ではありますが、集団的自衛権の行使容認、イージス・アショア2基購入、F35戦闘機147機購入、普天間基地の辺野古への移設強行、南西諸島への自衛隊増強とミサイル基地増設、海上自衛隊の中東派遣などの一連の安全保障環境の強化は、大日本主義への序章と見られかねません。本来ならばこの一つひとつを再点検して、見直すことによって、懸念を払拭させなければなりませんが、安倍政権の下では不可能に近いでしょうから、脱大日本主義を唱える政権を樹立させることによって、根本的な解決をすることが期待されます。

私は日本は脱大日本主義を宣言すべきと考えます。核兵器を持つべきとか、核兵器に転用できる技術を保持すべきとは思いません。原子力発電には可能な限り早く終止符を打つべきです。日米安保のあり方、とくに在日米軍基地の存在を基本的に見直して、米国内においてもドローンの時代に必要性が乏しくなった海兵隊の基地を縮小・撤退させて、常時駐留なき安全保障の方向へリードしていくことです。言うまでもなく、日本の平和と安全は日本自身で守るべきです。しかしだからと言って日本の防衛力を今以上に高める必要があるとは思いません。脅威は能力と意図の掛け算です。いくら相手が高い能力を有していても、日本を敵視する意図がなければ脅威ではないのです。世界で最も高い能力を有しているのはアメリカですが、日本がアメリカを脅威と感じないで済んでいるのもそういうことです。

そのために必要なことは、相手の意図をなくす仕組みを創り出すことです。私は欧州においてEUが生まれたように、東アジアに共同体を創設することが最善の方法ではないかと信じています。なぜならば、第二次世界大戦後、それまで憎しみ合って戦争ばかりしていたドイツとフランスは、欧州石炭鉄鋼共同体がつくられて、共に汗をかくことによって、二度と戦争を起こさなくなりましたし、EU構成国間では二度と戦火を交えることはなくなったのです。のです。そして私はEUの原点をクーデンホフ・カレルギー伯の友愛精神に見出すのです。

日本人とのハーフであるオーストリア人のクーデンホフ・カレルギー伯はヒットラーとスターリンの全盛時代、全体主義が吹き荒れていたヨーロッパを統合するために、友愛精神による汎ヨーロッパ主義を唱えました。その主張が戦後、欧州石炭鉄鋼共同体を生み、現在のEUとして結実しました。EUは英国が離脱を決めるなど、その存在理由まで疑問視されかけていますが、私はEUが不戦共同体となっていることは、大変意義あることだと信じています。

クーデンホフ・カレルギー伯は「国家は手段であり、目的ではない。人間は目的であり、手段ではない」と、全体主義に対して強い警鐘を鳴らしました。そして、「したがって、国家は人間の為に存在するが、人間が国家の為に存在するのではない」と、人間の価値を尊重すべきと説きました。彼は自由も平等も重要な理念ではあるけれど、自由が行き過ぎると弱肉強食となり、平等も行き過ぎると無気力な社会となると喝破したのです。そして友愛こそ自由と平等の架け橋となると述べたのです。また友愛は相互尊重・相互理解・相互扶助の精神です。自己の尊厳の尊重と同時に他者の尊厳をも尊重する精神です。分かりやすく自立と共生を友愛と言うこともできます。

友愛は個人と個人を超えて、国家と国家の間にも成り立つと考えられます。友愛の理念に基づいて、東アジア諸国の間に共同体をつくり、あらゆる問題を議論する場をつくりたいと考えています。貿易、経済、金融、文化、教育、スポーツ、環境、エネルギー、医療、福祉、介護、防災、安保などを対話と協調によって解決を目指すのです。

東アジア共同体の実現に向けて

昨年の5月に中国の李克強《リークーチアン》首相が来日した際に、東アジア経済共同体の発想を提案されました。その方向に向かって、RCEP（アジア地域包括的経済連携）や日中韓FTA（自由貿易協定）の交渉が進められています。また、文化は摩擦が少ないので、東アジア文化共同体も実現は難しくないでしょう。私は首相時代に東アジア文化都市構想を提案しました。日中韓3カ国の文化芸術による発展を目指す都市を毎年指定して、さまざまな文化芸術イベントを開催することによって、東アジア域内の相互理解や連帯感を醸成することを目的としています。この活動を発展させて東アジア文化共同体としていくのです。教育に関しては、キャンパスアジア構想を打ち出しました。今はまだ発展途上ではありますが、アジアの大学間の交流を推進して、東アジア教育共同体を作り、学生たちが国境を意識しないで学ぶことができる環境を作ることは、過去の歴史を乗り越えるためにも必要と思います。

さらには、東アジア環境共同体を創設することが急務です。なぜなら人類の最大のテーマは気候変動問題、地球温暖化問題を解決することであると言っても過言ではありません。CO_2などの温暖化ガスの影響で、そう遠くない未来に、北極海の氷が夏季には消失してしまうと言われています。巨大化する台風、サイクロン、熱波、干ばつ、森林火災、豪雨、洪水などによる被害も年々増大しています。平均気温の上昇を産業革命以前から比べて1・5℃以下に抑えないと、多くの人間は生存することができなくなるとも言われています。この人類最大の脅威に立ち向かうために、東アジア諸国は協力しなければならないのです。あらゆる叡智を振り絞って、エゴを捨てて協力体制を構築しなければなりません。また、安全保障に関しても、過去の歴史認識や領土問題を含めて紛争の素になるテーマを避けずに、2国間、または多国間で対話を続ける努力が肝要です。対話を続けていくことによって、東アジア諸国間の信頼醸成がなされていくことでしょう。

このような努力の先に東アジア共同体を実現させていくのです。そのためにも、対話を行うための東アジアフォーラムを開催して、日本、韓国、中国を中心に東アジアの国々が経済や環境などさまざまなテーマを議論する場を設けて、徐々に常設の会議体に格上げさせていくことが必要となります。EUにおいても、もともと欧州石炭鉄鋼共同体の共同総会として設置された会議体が、今では立法と政策執行の監督の両方の権限を持つ強力な欧州議会となっています。

私は常設の会議体の候補地として、日本では沖縄が、韓国では済州島が最もふさわしいと思います。この2つの島は、かつて多くの命が失われた地域であり、また現在でも軍事的な基地の役割を演じているからです。東アジア共同体が形成されることによって、東アジアが不戦共同体となり、2つの島が軍事の要石から平和の要石へと変貌することができるのです。

東アジア共同体の創設は必ずしも直ちに日韓関係の諸懸案の解決を意味するわけではありませんが、解決する舞台の誕生は、現在のような日韓関係の泥沼化を回避する最良の手段となることは間違いありません。遅くとも次世代を担う若者たちの時代に、この夢が現実となることを期待しています。

韓国のことを知らない
日本人とその理由

山崎雅弘

山崎雅弘（やまざき・まさひろ）

1967年大阪府生まれ。戦史・紛争史研究家。軍事面だけでなく、政治や民族、文化、宗教など、様々な角度から過去の戦争や紛争に光を当て、俯瞰的に分析・概説する記事を、1999年より雑誌『歴史群像』（学研）で連載中。また、同様の手法で現代日本の政治問題を分析する原稿を、新聞、雑誌、ネット媒体に寄稿。主な著書に『日本会議——戦前回帰への情念』『「天皇機関説」事件』『歴史戦と思想戦——歴史問題の読み解き方』（すべて集英社新書）、『1937年の日本人』（朝日新聞出版）、『［増補版］戦前回帰——「大日本病」の再発』『［新版］中東戦争全史』（朝日文庫）、『中国共産党と人民解放軍』（朝日新書）、『沈黙の子どもたち』（晶文社）ほか多数。

「知らせない努力」をする人たち

ある問題について、なにがしかの「知識」を頭に持つことと、その問題を深く「理解」することには、大きな違いがある。

問題についての「知識」が量的にどれほど多くても、それが自動的に深い「理解」へと繋がるわけではない。

これは、あらゆる問題に共通する普遍的な構図だと思うが、私は初めて韓国を旅行した一昨年から今年にかけて、韓国や朝鮮についての自分の認識と改めて向き合い、この普遍的な構図について、考えを巡らせている。

過去の歴史（私の場合は主に戦史と紛争史）についての本や雑誌記事を書く時、主題を多角的に分析した上で、なるべく受け手を混乱させないよう情報を整理して、見通しよく配列する形で提示するのが、私の基本的な姿勢である。しかし実際には、特定の主題について調べれば調べるほど、未踏査の領域がまだまだ先に広がる現実を思い知らされる。

それゆえ、本の出版時にタイトルや宣伝コピーで「決定版」等の文言が使われそうになると、その種の言葉はやめてくださいと、可能なかぎり編集部に要請している。

韓国や朝鮮についても同じで、私は過去に大日本帝国時代の朝鮮併合や統治支配、朝鮮戦争、光州事件などを俯瞰的に分析する原稿を執筆したことで、個々の出来事に関する基本的な「知識」は得て、一定レベルの「理解」もしていたつもりだった。だが、新たな角度から知る情報が増えるにつれて、その「理解」はまだまだ掘り下げが可能であり、歴史問題を取り扱う職業人としてさらに掘り下げなくてはならないという思いが強くなる。

その一方で、前記した原稿への読者の反響を見ると、日本から一番近い外国という距離的な近さにもかかわらず、現代の日本人の韓国や朝鮮の歴史に関する知識がきわめて貧弱であることにも気づかされる。そして、その原因は何かと探ると、単に一人一人の日本人が「知ろうとしない」という個人的な努力不足だけでなく、政治史を含む韓国や朝鮮の歴史を、日本人に「知らせない」あるいは「知られないように隠す」努力が一部でなされているという、不可解な光景がいくつも目に入る。

特定の物事を知る努力を、各人がやろうとしても、それを「知らせない」あるいは「知られないように隠す」努力をする人間が周辺にいれば、各人の努力は無に帰するか、その成果は大幅に減衰させられる。逆方向に進むムービングベルトに乗って歩いても、実質的には全然前へ進まないのと同じである。

一体なぜ、韓国や朝鮮の歴史を日本人に「知らせない」あるいは「知られないように隠す」努力が一部でなされるのか。社会の日の当たる場所でそのような「マイナスの努力」がなされていることに、どれほどの日本人が気づいているだろうか。

本稿では、私自身が過去に経験した出来事を中心に置きながら、このような「知らせない」あるいは「知られないように隠す」努力の存在と問題点について考察したい。

1．金大中《きんだいちゅう》氏って誰ですか？

「いらんこと考えんと、勉強だけしとけ！」

50歳を過ぎた今でも、忘れられない出来事がある。

それは、中学2年生の時に学校で経験した、担任教師とのいさかいだった。

ある日の放課後、私は友人とふざけて教室の後ろにある黒板に、チョークで落書きをしていた。たわいもない内容ばかりで、特に何か主張を込めていたわけでもない。

ところが、たまたま通りがかった担任の男性教師が、黒板の落書きを見て、なぜか激しく怒り始めた。彼は、落書きの一部分を指しながら、厳しい叱責の口調で言った。

「おまえら、意味がわかって書いてんのか?」

教師の指が向けられた先に白いチョークで書かれていたのは、こんな言葉だった。

「金大中氏を殺すな」

書いたのは私だったが、その意味を理解していたわけではない。正確な場所は覚えていないが、自転車であちこち走っている時にどこかの壁か電柱に貼られていたビラを見て、なんとなく真似て書いてみただけだった。

だが、この落書きを見て、担任教師がそこまで激怒するとは思わなかった。私が何か間違ったことを書いてしまったのなら、教師に叱られても仕方ない。しかし、その時点では「金大中氏を殺すな」という文の何が問題なのか、全然わからなかった。

それで、私は教師に聞いてみた。

「意味は知りません。金大中《きんだいちゅう》氏って、誰ですか?」

すると、彼は怒りの感情をにじませた口調で、吐き捨てるように言った。

「いらんこと考えんと、勉強だけしとけ!」

そして彼は教室から出て行った。私は、乱暴に投げつけられた言葉の意味が理解できずに困惑したが、やがてじわじわと怒りの感情が湧いてきた。

教師が生徒を激しく叱っておきながら、その叱責の理由を何も説明しない。こちらが、叱られた理由を聞いているのに、説明しないばかりか、理由など考えるなと言う。

この頃、私は窮屈な校則による生徒の抑圧など、学校における権威主義的な管理教育のシステムに強い疑問を感じ始めており、やたらと威圧的で形式ばかり重んじる担任教師への不信感は、この出来事でさらに大きくなった。

失われた「韓国を知る最初の機会」

どこかのビラに書かれていた「金大中氏を殺すな」とはどんな意味なのか。それを知ったのは、わりと最近になってからのことだった。

金大中《キムデジュン》は、韓国の全羅南道出身の政治家で、1954年に初めて国会議員に立候補して以来、軍部独裁下の韓国で民主化運動を指導していた人物だった。1973年8月には、滞在中の東京で韓国の情報機関KCIAの工作員に拉致され、韓国へ向かう船上で殺害される危機に直面した（映画「KT」の題材）。

この事態を辛くも生き延びた彼は、その後も軍部独裁政権に刃向かう形で民主化運動を続けたが、1980年5月の光州事件（映画「タクシー運転手」の題材となった民主化要求の衝突）で首謀者として逮捕され、9月17日に死刑判決が下された。しかし、日本政府を含む民主主義国の政府が懸念や非難を表明すると、韓国政府は金大中の死刑執行を行えない状況となり、1982年1月23日に無期懲役へと減刑された。

私が中学2年生だったのは1981年で、ちょうど金大中の助命嘆願運動が日本でも行われていた時期だった。このような一連の経緯は、中学生には理解が難しかったかもしれないが、金大中が韓国の「民主化運動」の指導者であること、それゆえ民主化要求を拒絶する軍部独裁政権に敵視され、不当に逮捕されて死刑判決を受けたことくらいなら、教師が手短に説明することは可能だったろうと思う。

当時の私は、すぐ隣の国で光州事件のような出来事が起きていることを知らなかった。新聞には出ていたのだろうが、イエロー・マジック・オーケストラ（YMO）などの音楽や、洒落たデザインの洋服、海外の映画などが主な関心事で、友人と連れだって大阪の心斎橋やその西側の通称「アメリカ村」に出かけて買い物をするのが楽しみだった。

あの担任教師は、なぜ私の落書きに、あれほど感情的な反応を示したのか。

彼が金大中を応援する思想の持ち主だったから、という解釈も考えたが、その可能性は低いように思える。もしそうなら、黒板に「金大中氏を殺すな」と書いた私に「いらんこと」を考えるな、とは言わなかったはずだからである。

結局、私は韓国の政治状況について知る最初の機会を、そのまま通り過ぎた。そして、教師に対する不信感はこの頃から急激に高まり、中学3年はほとんど学校に行った記憶がない。高校には一応進学したものの、単調な授業に興味が湧かず、当時アメリカ村にあった古本屋の天牛書店に足繁く通っては、広い店内に並ぶ古書を貪るように読みふけった。

この頃に天牛書店で買った本のうち、ソ連の反体制文学の邦訳書（ソルジェニーツィン、ダニエル、シニャフスキーなど）や、洋書のシュルレアリスムの画集（ダリ、エルンスト、マグリットなど）は、今でも自宅の書棚に並んでいるが、確か韓国の反体制詩人・金芝河《キムジハ》の詩集も買っていたように記憶している。

ただ、ソ連国内の言論統制については多少の予備知識があったものの、韓国の政情については何も理解していなかったこともあり、私は金芝河の詩を深いところで理解できず、何かの折りに手放してしまった。

2．在日韓国人の同僚と「白いバッジ」

「いつかベトナムにも行ってみたい。でも行けないかも……」

結局、学校という世界に何の魅力も感じられなくなり、16歳で見限った私は、ある雑誌出版社の見習いとして働き始めた。その年にレコードレビューを2本書いて誌面に掲載されたことが、私の「ライターとしてのデビュー」だった。

その後、関西と関東で肉体労働を含むさまざまな仕事を経験し、１９９６年から98年までの2年間、大阪のある出版社で正社員として働いた。業務内容は雑誌の編集で、私が入社してからしばらくした頃、同じ編集部に在日韓国人の女性が入ってきた。

李さんというその女性は、在日二・五世ですと自己紹介していた。その説明の意味は、正直今でも私は正確には理解できていないが、彼女はいつもニコニコしてバイタリティ溢れる人で、話の内容もおもしろいので、仕事の合間にいろんなことを話した。

お互い海外旅行が好きだという話題になった時、李さんは「いつかベトナムにも行ってみたい。でも行けないかも……」と言い、表情を曇らせた。なんで？　と訊くと「だって韓国は昔ベトナム戦争で現地の人たちにひどいことをしたから」という。

私は「そんなん言い出したら日本人は永遠に韓国へ旅行でけへんで（できないよ）」と軽い口調で返した。それに彼女が何と反応したかは、正確に覚えていないので書くのは控えるが、私の伝えたいことはおおむね正しく伝わった様子だった。

お互いが好きな映画の話で、何かおもしろい韓国映画ある？　と私が質問すると、何本かの作品を教えてくれたが、その中の一本が「ホワイト・バッジ」だった。さっそくレンタルビデオを借りて観た私は、胸に大きな石を乗せられたような衝撃を受けた。

韓国には、日本とはまったく違う種類の歴史が流れている。今から思えば当然のことだが、それを私はこの時初めて、感覚として理解した。

「今こそ、本当に良い小説を書こう」

韓国映画「ホワイト・バッジ」は、韓国の民主化宣言（1987年）から5年後の1992年に公開された作品で、監督は社会派として知られる鄭智泳《チョンジヨン》、主演は韓国映画界を代表する名優の一人である安聖基《アンソンギ》だった。

主人公の小説家は、韓国軍兵士としてベトナム戦争に従軍した帰還兵で、ある時事雑誌にベトナムでの経験を題材とした小説の連載を始める。それを読んだ当時の部下が主人公の前に現れるが、彼はベトナムで経験したいくつかの事件が原因で神経症（PTSD）を患っており、主人公は彼と接する中で、心の底に封印していた闇を思い出していく。

部下の精神を傷つける最大の原因となった事件は、韓国軍人によるベトナム市民の虐殺だった。敵と間違えて子どもを含む農民を殺してしまったことを知った部隊の指揮官は、事件を闇に葬るために、生き残った民間人も全員殺害するよう命じる。その時、ナイフで罪もない女性らを惨殺させられた部下は、復員後も何かに怯える生活を送っていた。

主人公もまた、ベトナムの民主主義を守るという大義名分とはほど遠い戦争の実情を、思ったように小説で描けないことに苛立っていた。そして、最愛の恋人にも捨てられた部下の精神が、いまだベトナムのジャングルを彷徨っている現実を知った主人公は、最後にある行動を起こす。部下の隣で地面に横たわった主人公は、こうつぶやいた。

「今こそ小説を書こう。本当に良い小説を」

この原稿を書くために、改めてDVDで観賞したが、最後のシーンは何度観ても心を激しく揺さぶられる。そして、初めて観た時には意味がよくわからなかった「社会派監督」ならではの政治表現も、韓国の現代史を知った上で観るとその意図を理解できる。

例えば、主人公が子どもの頃に経験した韓国駐留アメリカ兵との関係と、ベトナムにおける現地の子どもと韓国兵の関係の類似性。あるいは、朴正熙《パクチョンヒ》大統領暗殺（１９７９年）後の韓国で繰り広げられた、民主化を求める市民を軍部独裁下の警察が無慈悲に弾圧する光景と、韓国軍人がベトナムで行った村人への軍事的威嚇との類似性。

そして、何より重要だと思うのは、韓国軍兵士がベトナム戦争中に行った市民の虐殺という「自国の負の歴史」を生々しく描いた映画が、１９７３年の韓国軍撤退から20年も経たないうちに公開され、韓国国内でもいくつかの映画賞を受賞した事実である。

第二次世界大戦後に生まれた韓国という国は、すでにいくつもの重い歴史を背負っているが、李さんのおかげでこの作品を知ることができたのは幸運だったと思う。

「ホワイト・バッジを知っている日本人に初めて会いました」

それから約20年が経過した２０１８年11月、私は初めて韓国の土を踏んだ。

この年の４月27日、韓国の文在寅《ムンジェイン》大統領と北朝鮮の金正恩《キムジョンウン》労働党委員長が板門店《パンムンジョム》で首脳会談を行い、南北分断以来初めて、両国を隔てる軍事境界線（ＭＤＬ）を両国首脳が手を繋いで踏み越え、南北を行き来した。また、６月12日にはシンガポールのセントーサ島で、アメリカ大統領と北朝鮮の政府トップが史上初めて首脳会談を行っていた。

長らく緊張と対立の関係が続いた朝鮮半島に、ようやく平和（１９５３年以来休戦状態のままとなっている朝鮮戦争の正式な講和＝終戦）が訪れるかもしれないと思った私は、この機会に韓国へ旅行して、板門店の境界線をこの目で見たいと考えた。それを、韓国の歴史や文化がご専門の伊地知紀子大阪市立大学教授にある場所で話したところ、「秋に韓国へ団体で旅行する予定があるので、一緒にどうですか」と誘って下さった。

その団体旅行とは、内田樹さんの合気道道場「凱風館」門人の「修学旅行部」で、内田さんが毎年韓国で行われている教育関係者向けの講演に帯同しながら、韓国のさまざまな文化や歴史に触れて学ぶことを目的としていた。私はすぐに参加を希望した。

現地では、何人かの韓国人がコーディネーターや通訳として我々を助けて下さったが、その中に朴東燮《パクドンソプ》さんという男性がいた。彼は、内田さんの著書を数多くハングルに翻訳して韓国版の刊行に尽力された方で、内田さんの講演では語られる言葉の意味を的確に読み取って聴衆に伝える通訳者としても活躍されていた。

ソウルから南北境界線に近いＤＭＺ（非武装地帯）を皆で見学に行った（軍事境界線は制限が厳しくて見学できなかった）時、私は朴さんと、韓国軍が経験した戦争について話した。その時、過去に観た韓国の戦争映画の話題になり、私は特に印象深いと感じた作品として「ホワイト・バッジ」の名前を挙げた。

すると、朴さんは驚いた表情で言った。

「あの作品は私も好きです。ホワイト・バッジを知っている日本人に初めて会いました」

日本語が堪能な彼は、日本の出版物についても詳しく、原作の小説は邦訳も出ていると教えてくれた。帰国して、さっそく古書ルートでその本を入手し、読んでみた。

１９９３年に光文社より刊行された小説の邦訳タイトルも『ホワイト・バッジ』で、著者の安正孝《アンジョンヒョ》はベトナムに派遣された韓国軍部隊の一つ「白馬師団」の兵士として、１９６６年から67年にベトナムで戦った。「ホワイト・バッジ」という日本版と英語版のタイトルは、青地に白馬が描かれた「白馬師団」の師団章にちなんだものだが、韓国で刊行された版の原題は「白い戦争」だった。

小説では、主人公や戦友がベトナムで経験した極限状態のディテールや、それに起因するベトナム帰還韓国兵の心的外傷の深さが、映画よりもさらに濃密に描き出されていた。こうした現代韓国の精神面での戦争後遺症は、日本ではほとんど知られていない。

3．地図から消された重要な「学びの施設」

あるはずの重要施設がないガイドブックのソウル地図

２０１８年の「凱風館修学旅行部」の韓国滞在は、三泊四日だったが、私はそのうちの一日を丸々使い、韓国の近現代史に関連する場所や博物館を見てまわった。

まず、映画「1987、ある戦いの真実」にも登場する明洞《ミョンドン》聖堂を訪れ、それから南山を登って安重根《アンジュングン》義士記念館を見学した。安重根は、日本による韓国併合前年の1909年に伊藤博文を暗殺した人物で、韓国では民族の英雄として顕彰されている。

その後、ソウル旧駅舎の写真を撮って地下鉄に乗り、戦争記念館（朝鮮戦争の説明がメインで、そこで使用された両軍兵器の屋外展示も多い）、南営洞《ナミョンドン》対共分室（朴鐘哲《パクジョンチョル》記念展示室、映画「1987、ある戦いの真実」の主題である大学生の拷問死が起きた場所）、考昌《ヒョチャン》公園（朝鮮独立闘争の「義士」の墓や廟がある）、金九《キムグ》記念館（金九は朝鮮独立運動を指導した民族主義者の一人）、光化門《クァンファムン》広場、大韓民国歴史博物館へと足を運び、朝鮮と韓国の歴史にまつわるさまざまな情報を、頭の中で整理しながら吸収した。

帰国日の午前には、日本統治時代に朝鮮の独立運動家らが収監されて拷問・処刑された場所でもある、西大門《ソデムン》刑務所歴史館を皆で見学した。

その翌年の2019年も、私は「凱風館修学旅行部」の韓国旅行に参加した。今回は、ソウルと大田《テジョン》、そして済州《チェジュ》島を訪問する旅程だと知り、現地情報の予習をしようと思って『地球の歩き方　韓国（2019〜20）』（ダイヤモンド・ビッグ社）を買った。

内容を読み進むうち、私は「あれ？」と違和感を覚えた。本来、ガイドブックの地図上にあるはずの重要な博物館、すなわち大韓民国歴史博物館、安重根義士記念館、西大門刑務所歴史館の名が、該当個所に無かったからである。

この3つの博物館は、大日本帝国統治時代に日本が朝鮮でどんなことをしたのかを知るのに最適な施設で、展示内容が「韓国目線」であることを差し引いても、日本人旅行者向けの旅行ガイドブックで読者に提供するのが当然と思われる現地情報である。

私は1998年から2000年までの2年間、日本を代表する二大旅行ガイドブックの一方に関わる編集プロダクションに正社員として勤務し、収録する地図制作などを行っていた。その経験を踏まえてこの案件を見ると、地図制作者または発注者が意図的に、これらの情報を「地図から除外した」可能性が高いと判断できる。

なぜなら、前記した3つの施設が入るべき地図上の場所には、施設名の文字を入れるのに十分すぎるほどのスペースが空いており、弁別性（情報の読みとり易さ）を確保するために割愛したという技術面の言い訳は成立しないと考えられるからである。

安重根の名に一切触れない「韓国の旅行ガイドブック」

違和感を覚えたのは、地図だけではなかった。

この本には、韓国の歴史や文化を紹介する記事がいくつか掲載されているが、「韓国がわかる人物・用語集」という、歴史上の重要人物や団体、出来事を紹介する7ページの記事は、アイウエオ順になっているにもかかわらず「イ」から始まる。

記事の主旨から考えれば、どう考えても最初は「ア」の安重根でないとおかしい。

これに気づいた時、私はこのガイドブックの編集サイドが、ある特定の情報を誌面から徹底的に排除していることを確信した。実際、ソウル中心部の観光地である景福宮《キョンボックン》の説明では「1592年に焼失しその後再建された」とあるだけで、大日本帝国統治時代に施設内の多くの建物が破壊された事実にも、光化門を別の場所に移設して宮殿正面を塞ぐような形で朝鮮総督府のビルが建てられていた事実にも、日本軍人の三浦梧楼公使らの計画による朝鮮王妃・閔妃《ミンビ》暗殺という蛮行がここで起きた事実にも、一切触れていない。

閔妃の名は、前記した人名・用語集にもない。韓国史の年表ページには「1895　閔妃殺害事件（乙未事変）」とあるが、殺害に多くの日本人が関与した事実は書いていない。

つまり、大日本帝国が朝鮮の人々にどんなことをしたのか、このガイドブックには情報が無いだけでなく、それを知ることのできる手がかりの情報も消している。

一体なぜ、こんなことをするのか。

旅行ガイドブックの制作に関わる者は、可能な限り多くの情報を誌面に盛り込み、読者が旅先で有意義に活用できる内容に仕上げようとする。それが本来の姿勢だろう。だが、この本を見る限り、日本人の韓国旅行者が現地で「かつて日本人が朝鮮の人々にどんなことをしたのか」を学べる機会を提供しようという意図は、私にはまったく感じられない。

日本人旅行者には関係のない中学校や役所、民間の小さい博物館は地図上に数多く記されているのに、大日本帝国統治時代に日本が朝鮮でどんなことをしたのかを学べる重要な博物館が、すべて地図上から消されている。私はこの事実を見て、それが「知らせる努力をしない」に留まらず「知らせない努力をする」域に入っていると感じた。

過去の歴史を「知られないように隠す」理由は何か

現在、日本国内で韓国に対して「悪いイメージ」を抱く人が多いことは、各種の世論調査の結果が示すところである。その要因として、慰安婦や徴用工などの歴史問題での事実認識の対立があるのは確実と思われるが、そもそも多くの日本人は、日本と韓国あるいは朝鮮半島の「支配・被支配」の歴史を、基礎知識として理解しているだろうか?

大日本帝国時代に日本政府や日本軍人が朝鮮半島でどんなことをしたのか、知っていれば慰安婦問題も徴用工問題も「問題の根源は日本側の都合」であったことがわかる。そして、当時の大日本帝国が戦後の日本国とは比較にならないほど、一人一人の国民の人権を等閑視していた事実を踏まえれば、そうした非人道的行為の背景に「人権を尊重しない当時の日本の風潮や価値観」が存在していたことも理解できるに違いない。

しかし、過去の歴史を知らなければ、慰安婦問題も徴用工問題も「韓国人の勝手な言いがかり」にしか見えないだろう。日本は何も悪いことをしていないのに、韓国人はいつまでも古い話を蒸し返して金をせびろうとしている、等の悪意に満ちた曲解が、ネット上で拡散し、それを真に受けて「日本を守るため」という主観的な大義名分を笠に着て、韓国人や在日コリアンを差別したり、汚い言葉でののしる人間が大量に発生している。

こんな状況を「望ましい」と思う人間が、日本国内にいるとすれば、誰だろうか。

日韓関係が悪化することで利益を得る「受益者」がいる限り、近い将来に関係が大きく改善される見込みは薄い。現職の総理大臣とその支持勢力が、そうした「受益者」の集団に属しているなら、なおさら早期の関係改善は期待できない。

だがそれでも、日本の将来のためには、最も近い隣国である韓国との関係を改善する努力を続けないといけない。たとえすぐに目立った結果が出なくても、この時代の日本に、関係改善の努力をする日本人が一定数存在している事実は、将来の日本にとって必ずプラスの効果をもたらすはずだと、私は思っている。

だから私も、そんな日本人の一人として自分に出来ることをする。

ソウルにある南営洞対共分室は、韓国警察にとっての「負の歴史遺産」だが、現在そこを展示室に改装し、二度と同じことを繰り返さないという反省の場として公開しているのは、他でもない韓国警察である。映画「ホワイト・バッジ」にも通じるが、自国の負の歴史を正面から見据えて反省する行為は屈辱でない。むしろ、高潔な誇り高さを伴う。

数々の箴言が教えるように、歴史の無知、とりわけ自国の負の歴史に関する無知は、国や社会の針路を大きく狂わせることも少なくない。そして、過去の歴史において何らかの「加害」と「被害」を生じさせた複数の国が、その事実認識を共有することで良好な関係を再構築することに成功している事例が、今のヨーロッパには存在している。

まずは、日本と韓国の間で過去に何があったのかを知ろうとすること。その先の選択肢はいくつか存在するにしても、事実を「知ること」がすべての「理解」の土台になる。

それを邪魔しようと、気に入らない事実に布や紙をかぶせて隠す人間があちこちに存在するが、そんな薄っぺらなベールなど、一枚ずつ引っぱがしてやればいい。

隠さないといけない事実など、本来ないはずなのだから。

植民地支配の
違法性を考える

松竹伸幸

松竹伸幸（まつたけ・のぶゆき）
ジャーナリスト、編集者。日本平和学会会員（専門は日本外交論、安全保障論）。１９５５年、長崎県生まれ。一橋大学社会学部卒。全学連委員長、民青同盟国際部長などを経て、日本共産党の国会議員秘書、政策委員会安保外交部長を歴任。現在はかもがわ出版編集主幹、「自衛隊を活かす会」事務局長を務める。著書に『憲法九条の軍事戦略』（平凡社）、『慰安婦問題をこれで終わらせる。』（小学館）、『改憲的護憲論』（集英社）、『日韓が和解する日』（かもがわ出版）など多数。

はじめに

筆者は昨年10月、『日韓が和解する日――両国が共に歩める道がある』を上梓しました。その後、「この本の内容について話してほしい」という依頼が来るようになり、毎月複数回の講演会をこなしています。質疑の場を十分にとってもらうようにしているのですが、それを通じて実感するのは、１９９０年代初頭に慰安婦問題が浮上して以降の四半世紀、日韓関係の問題が日本政治の重大な焦点となってきたが故に、多くの人が「これはこうであるに違いない」という、ある種の「思い込み」に囚われていることです。日韓問題での講演会に参加してくるような人は、誰もが日韓関係を何とかしたいという強い思いをもってきましたから、よけいにそうなるのでしょう。

２０１８年末、韓国大法院（日本の最高裁にあたる）は、戦時下に朝鮮人を徴用工として動員して働かせた日本企業に対して、慰謝料の支払いを求める判決を下しました。しかし、その支払いを根拠づける論理は、65年の日韓基本条約締結以降、どこからも持ち出されたものではありませんでした。そのため、過去の議論の延長線上で考えていると、議論されていることを正確に理解できないし、適切な解決策を見いだすこともできません。

そこで本稿では、講演会参加者から共通して出される疑問（思い込みによるものも含め）を取り上げ、それをどう考えるかを提示したいと考えます。読者のみなさんが感じている疑問の解決に少しでも役立つことがあれば幸いです。

1．焦点の個人請求権は新しい創造物である

――請求権協定で解決済みでも個人請求権はなくならないか（疑問1）

国家が条約を結ぶことと個人の権利の関係

徴用工問題での大法院判決が出たあと、日本政府がすぐに口にしたのが、「1965年の日韓請求権協定で解決済み」ということでした。65年に日韓基本条約とともに締結された請求権協定は、日本側が韓国に対して5億ドル（有償2億ドル、無償3億ドル）を支払うこと（第一条）、それに伴って「両国間の請求権に関する問題」は、「完全かつ最終的に解決されたこと」（第二条）をうたっていますから、根拠のない話ではありません。

これに対して、元徴用工の訴えを支持する人々が強調したのが、たとえ国家同士が条約で解決済みと合意したとしても、個人の請求権はなくならないというものでした。ここには、国家とそれに属する個人の関係をどう捉えるかという難しい問題がからんでいるのですが、現在の世界では、国家といえども個人の権利を一方的に剝奪することはできないというのが

基本的な考え方になっていますから、これも根拠のない話ではありませんでした。

しかも、請求権協定によっても個人の請求権が消滅していないことは、日本政府自身がそれまで明らかにしてきたことでした。この間突如として有名になりましたが、例えば1991年、外務省の柳井条約局長は国会で、「これらの規定は、両国国民間の財産・請求権問題につきましては、日韓両国が国家として有している外交保護権を相互に放棄したことを確認するものでございまして、いわゆる個人の財産・請求権そのものを国内法的な意味で消滅させるものではない」と明確に述べていました（参議院予算委員会、1991年8月27日）。

これは、「自分が韓国に置いてきた財産に関する請求権まで奪うのか」と日本国民から問題を提起された際、「いや、あなたの請求権を日本が奪うようなことはしません。どうぞ韓国側に請求してください」と言い逃れるための論理でした。そうやって日本国民が請求権を行使しても、韓国側がそれに応じないことにより、責任追及されるのは韓国側だという構図をつくったのです。

この論理は同時に、日本と韓国が置き換わっても通用しますから、元徴用工は日本の裁判所に訴え、裁判所は「すでに請求権は消滅している」と判決を下すことにより、問題を解決しようとしてきたというわけです。ところが、日本の裁判所で敗訴した元徴用工が次に韓国の裁判所に訴えたため、過去の論理が破綻したのが真相だと言えるでしょう。

請求権協定に関わる個人の請求権は満たされた

国家が個人の権利を奪えないのは当然のことです。しかし、もし国家が個人の訴えに応え、その権利を救済したとしても、個人の請求権は永久になくならないのでしょうか。この問題に即していえば、元徴用工の訴えを当然のものだと日韓両国が認め、日本側が未払い賃金などに相当する額を支出し、それが当事者に渡された場合でも、元徴用工は繰り返し請求をし続けることができるのでしょうか。

実は、韓国大法院判決の重要な特徴は、その問題に踏み込んだことにあります。そして、驚かれるかもしれませんが、日韓請求権協定にもとづく徴用工の請求権はすでに満たされていると明確にしたことにあります。

判決は、日韓条約交渉の中で、韓国側が「被徴用韓国人の未収金、補償金及びその他の請求権の弁済請求」をした上で、「請求権協定などが締結された」としています（以下、判決文の引用は、山本晴太弁護士が管理者となっているウェブサイト「法律事務所の資料棚」より）。そして、日本側が支払った3億ドルについて、「請求権、強制動員被害補償問題解決の性格の資金等が包括的に勘案された」と述べています。日本側が徴用工の請求権を勘案して支払をしたことを認めているのです。

それだけではありません。それらの資金は徴用工に渡されました。韓国側は、日本の資金を元手に（3億ドルの約1割）、「請求権資金法」（66年）、「請求権申告法」（71年）を制定し、死亡していた徴用工などに対する支払を行いました。それでは十分でないとして徴用工側が日本の裁判所に訴え、敗訴する中で、韓国政府も不十分さを認め、「太平洋戦争戦後国外強制動員犠牲者等支援に関する法律」（2007年）をつくるなどして、死亡者、負傷者はもとより未払い賃金等の支払を求める元徴用工、その遺族に対しても支払を行うことになったのです。

これは筆者が解説しているのではありません。大法院判決がそう述べているのです。日本政府もそういう事実を把握しています。だからこそ、「解決済み」と繰り返しているのでしょう。

請求権協定では想定されていない個人の請求権

それなのに、なぜ大法院は、なお個人の請求権は残っているとしたのでしょうか。その理由の中にこそ、現在の日韓関係の行き詰まりの原因もあるし、それを打開するカギもあります。

請求権協定で解決済みとされたけれど個人の請求権は残っているという論理は、大法院の判決が依拠するところではありません。そうではなくて、請求権協定が想定した個人の請求権はすでに満たされたけれど、請求権協定では想定されていない別の種類の個人の請求権が存在しているというものです。それが「違法な植民地支配」と結びついた請求権という新しい考え方です。

これまで「請求権協定」という略称を用いてきましたが、正式名称は「財産及び請求権に関する問題の解決並びに経済協力に関する日本国と大韓民国との間の協定」という長ったらしいものです。見ただけでもイメージが伝わってくると思いますが、「財産」とか「経済協力」など、あくまで「金目《かねめ》」の問題を解決するための協定とされています。徴用工の未払い賃金はその典型でした。

日本の植民地支配が違法かどうかは、これまで議論にはなってきたのです。しかし、それを違法とする韓国と、合法とする日本の間で決着することはなく、あいまいなまま残されてきました。そのため、その問題を脇に置いたまま、あくまで財産上の問題にケリをつけたのが請求権協定だったのです。大法院判決は次のように述べて、徴用工が求めているのは、その種のものではないことを強調します。

「本件で問題となる原告らの損害賠償請求権は当時の日本政府の韓半島に対する不法な植民支配および侵略戦争の遂行と直結した日本企業の反人道的不法行為を前提とする強制動員被害者の日本企業に対する慰謝料請求権であるという点を明確にしておかなければならない。原告らは被告に対して未払い賃金や補償金を請求しているのではなく、上記のような慰謝料を請求しているのである」

国家が解決済みと合意しても個人の請求権は残っているという論理ではありません。かつての植民地支配を違法とするか合法とするかという問題では、そもそも国家間には何も合意が存在していないのです。国家間に合意はないけれども、植民地支配が違法だったことは明白なのだから、原告の請求権は残っているというのが、大法院判決の論理です。

日本政府は、「請求権協定で解決済みだ」とか、「請求権協定に基づいて仲裁裁判の裁判員選任を求めているのに韓国が応えない」と言いますが、そもそも請求権の根拠が協定ではないと言うのですから、かみ合わないことこの上ありません。これまで議論されてこなかった新しい考え方が提起されていることが理解できるでしょうか。

2. 植民地支配違法性の議論は回避されてきた
――安倍政権が村山談話の見地に立っていないのが問題か（疑問2）

安倍談話も村山談話も植民地支配の違法性を認めていない

植民地支配の違法性がこれまで議論されてこなかったというと、違和感をもつ方が少なからずおられます。違法性など自明のことではないか、いわゆる村山談話などで日本は植民地支配の過去を謝罪してきたではないか、安倍政権が村山談話から逸脱するから今回のような問題になるのではないか、悪いのは安倍政権であって、解決策は安倍政権に村山談話を継承させることだ――そう考える人々です。

安倍首相が村山談話を軽視していることは事実でしょう。詳細は省きますが、戦後50年にあたっての村山談話と、70年にあたっての安倍談話では、植民地支配に対する態度は本質的に異なります。しかし、違法性の問題では、両談話に違いはありません。安倍談話に違法性への言及がないことは明らかですが、では村山談話はどうなっているでしょうか。関連部分を引用します。

「わが国は、遠くない過去の一時期、国策を誤り、戦争への道を歩んで国民を存亡の危機に陥れ、植民地支配と侵略によって、多くの国々、とりわけアジア諸国の人々に対して多大の損害と苦痛を与えました。私は、未来に誤ち無からしめんとするが故に、疑うべくもないこの歴史の事実を謙虚に受け止め、ここにあらためて痛切な反省の意を表し、心からのお詫びの気持ちを表明いたします。また、この歴史がもたらした内外すべての犠牲者に深い哀悼の念を捧げます」（外務省ホームページより）

安倍談話と異なり、村山首相が心から植民地支配をお詫びしたいと思っていることは、そこはかとなく伝わってきます。けれども、談話のどこにも、植民地支配が違法だったことへの言及はありません。談話の発表時、それに気づいたある参議院議員が質問したところ、村山首相は植民地支配は合法だったと以下のように答弁しました。

「韓国併合条約は当時の国際関係等の歴史的事情の中で法的に友好に締結され、実施されたものであると認識しております」（参議院本会議、95年10月5日）

65年の日韓基本条約締結時、この問題が日韓間で議論されたけれど決着せず、あいまいにされたことは述べました。それから30年が経過した95年になっても、日本政府の見解は変わっていませんでした。それからさらに四半世紀を経て、韓国大法院は、植民地支配は違法だったとする見地に立って、それを合法だとしてきた日本側に挑戦状をたたき付けてきたのです。そこに大法院判決の意味があります。

違法性どころか植民地責任は何も問題にもされなかった過去

植民地支配の違法性どころの話ではありません。この日本では長い間、保守か革新か、右か左かを問わず、違法かどうか以前に、植民地支配が問題だったという認識そのものが欠落していました。

団塊の世代の方は日韓条約反対闘争があったことは覚えておられるでしょう。でも、その反対の論拠には、植民地支配の責任があいまいだというようなものはありませんでした。国会では野党も日韓基本条約反対の論陣を張りましたが、植民地支配の責任を論点にしたのは公明党だけで、社会党も共産党も責任追及しませんでした。反対闘争の論拠となり、野党が追及したのは、なぜ反共軍事独裁国家である韓国とだけ関係を回復して多額の経済援助を行い、北朝鮮を敵視するようなまねをするのかということでした。野党がそういう状況でしたから、植民地支配の問題に関心を持っていたのは、学者を含めごく一部に限られていたのでしょう。

90年代初頭になり、元慰安婦の方々が名乗り出て日本を裁判に訴えたことは、植民地支配の過去に対する日本国民の認識に猛省を迫る結果となります。左右を問わず、ある種の反省の気持ちが生まれたと思います。

ただ、慰安婦の方々が問題にしたのは、自分たちが意に反して慰安婦にさせられ、悲惨な目に遭ったということでした。もちろんその背景には植民地支配の問題が横たわっていたのですが、直接に支配の違法性を問うようなことが議論されたことはありません。

その結果、植民地支配の違法性は、これまで国民的な規模で議論されることはなかったのです。韓国においても、北朝鮮を敵とする日米韓軍事一体化を維持することが優先され、日本の植民地責任を追及する議論が政権内部から出てくることは、長い間ありませんでした。

この問題に関心を持つ人にとって、植民地支配の違法性は自明であり、議論するまでもないことかもしれません。しかし、日本が植民地支配をした韓国でいろいろ非道なふるまいをしたということと、その植民地支配そのものが違法だったかどうかということは、おのずから異なる問題です。だからこそ、65年、徴用工の請求権には応えるが（非道なふるまいに対する保障）、植民地支配の違法性は認めないという決着が可能になったのです。

つまり、植民地支配の違法性を日本政府に認めさせるには、これまでの延長線上の議論では無理だということです。新しい地平に立つ必要があるのです。

3、世界を相手に価値観を変える闘いが必要だ

——植民地支配の違法性をめぐって日本は常識外れな国か（疑問3）

植民地独立宣言に際して日本と異なった欧米のこだわり

歴史認識問題で安倍首相は歴史修正主義の立場に立っており、世界から孤立しているという見方があります。そういう側面があることは筆者も否定しません。しかし、そこからさらに進んで、植民地支配の責任問題でも日本は世界から遅れていると考えると、とんでもない間違いを犯すことになります。

1960年、国連総会は、植民地独立付与宣言（正式名称：「植民地諸国、諸人民に対する独立付与宣言」決議一五一四第一五項）と題する決議を採択しました。「宣言」は「いかなる形式及び表現を問わず、植民地主義を急速かつ無条件に終結せしめる必要があることを厳粛に表明し」として、次のように述べています。

「一　外国人による人民の征服、支配及び搾取は、基本的人権を否認し、国際連合憲章に違反し、世界の平和及び協力の促進の障害になっている。

二　すべての人民は、自決の権利を有する。この権利に基づき、すべての人民は、その政治的地位を自由に決定し、並びにその経済的、社会的地位及び文化的発展を自由に追求する。（以下、略）」

これは、そこに住んでいる人民こそが国家を形成する権利をもっていることを定めたものであり、宗主国が勝手に植民地支配を「合法」だと考え、支配を広げてきた過去との決別宣言です。現在、この考え方は国際法としての地位を有しており、植民地支配を行うことは違法だとみなされるようになりました。

けれども、この「宣言」は、かつて欧米日が植民地支配を「合法」だとしたことを、「いや、違法だった」と転換させて、補償などを求めているわけではありません。ですから、日本政府も安心して賛成票を投じましたし、反対票を投じる国は一つもありませんでした。しかし、この程度の決議であっても、植民地の主要な宗主国であったアメリカ、イギリス、フランス、ベルギー、ポルトガル、スペイン、南アフリカは棄権票を投じたのです。植民地支配は正しいという観念は欧米には根強く残ってきたのです。

植民地支配の謝罪も補償も考えていない欧米諸国

「宣言」から40年以上が経った2001年、南アフリカのダーバンで、国連主催による「人種主義、人種差別、外国人排斥及び関連する不寛容に反対する世界会議」が開かれました。この会議では、かつての奴隷制や植民地支配が「人道に対する罪」にあたるのではないか、謝罪や補償が必要なのではないかという問題が、戦後はじめて大規模に議論されたのです。

議論の結果として全会一致採択された宣言のなかで、植民地主義は、奴隷制と同様、幾百万もの人々に被害を与え、悲劇的惨状をもたらしたことが認められました。画期的なことです。しかし一方で、奴隷制が「人道に対する罪」であることが認められたのに、植民地主義はそのような罪だとは認められませんでした。謝罪と補償について言うと、奴隷制に関しては実際にそれを行った国があることを紹介するだけであり、推奨や勧告をしているわけではなく、ましてや義務にしているわけでもありません。しかも、その程度のことでも対象とされているのは奴隷制に限られており、植民地主義はその範疇には入っていません。

これを見れば、同じように植民地支配を違法だと認めなかったとはいえ、それを明確に謝罪の対象とした村山談話と比べても、世界の水準が遅れていることは理解できると思います。しかも2009年、ダーバン会議の結果をフォローアップする会合が開かれたのですが、ドイツ、イタリア、オランダ、カナダ、オーストラリア、ニュージーランドなどは参加もしませんでした。その理由は、ダーバン会議におけるアフリカ諸国による謝罪と補償の求めが再現されるのを嫌ったからというのが、日本外務省の解説です。ヨーロッパ諸国は植民地支配に対する謝罪も補償も考えていないのでしょう（イタリアは２００８年、リビアとの間で友好条約を結び、植民地支配期に損害を与えたことを謝罪し、補償することを決めましたが、あくまで「損害」に対する「道義的」なもので、支配の違法性を認めない支出という点では日本と同じ水準です。しかも現在、ダーバン会議以降の逆流の中で、その条約の履行は凍結されています）。

かつての植民地支配が違法だったか合法だったかというのは、まさに国際法に関する判断です。日韓関係はその一部に過ぎません。植民地支配の大先輩である欧米がこのような現状のまま、日本だけが（とりわけ安倍政権に）先行して違法性を認めることは容易ではありません。植民地支配の違法性を認めさせるには、世界を相手にした闘いが必要になっているのです。

未開の地に文明を与えたという牢固な観念

それにしても、欧米日諸国は、なぜ、これほどかたくなに過去の植民地支配の違法性を認めないのでしょうか。どうすればそれを認めさせることができるのでしょうか。

植民地支配の中でどんなひどいことをやったのか、あまり国民に知らされていないので、世論が高まらないからだという人がいます。日本に即して考えても、朝鮮半島を支配していた35年間、慰安婦や徴用工に対する仕打ちはもちろん、創氏改名や土地の没収、独立運動への弾圧をはじめ数々の非人道的な行いをしたのであって、それを暴き立てて国民世論を高め、政府に迫ればいいのだということです。

もちろん、これらの事実を正確に知らせることは大事です。違法性を認識する上で基礎となるとは思います。

しかし、先ほどのダーバン会議のことを振り返ってみてください。奴隷制の問題と植民地支配の問題では扱いが異なっていました。植民地支配の結果として奴隷制が生まれたのですから、奴隷制を「人道に対する罪」とみなせるなら、植民地支配もそうなりそうなものなのに、結論は違っていました。

ここには、合法と違法を分ける基準について、現在の国際法の到達点が反映しています。普通、「犯罪」と聞いてわれわれが思い浮かべるのは、人を殺したり傷つけたりするような行為です。人を奴隷にする行為というのは（つまり人を売買し、買った人を拘束し、他の人と同じ権利を与えず、意に反して強制労働させるのは）、まさに犯罪の典型としてイメージすることが可能です。

一方、ある地域を植民地にする行為というのは、誤解を怖れずにいえば、それだけでは誰も傷つけることはありません。もちろん、その過程で、殺戮や強奪が行われれば、その行為を「犯罪」とすることは可能であり、だからこそ奴隷制も「犯罪」とみなされているわけですが、植民地支配そのものはあくまで国家の政策であり、刑法の対象となるようなものではないと捉えられてきたのです。

正義の観念からは間違っていることで、植民地支配を赦せない正義漢にとっては目を背けたいことでしょうが、現実はそうなっているのです。旧宗主国の論理がどんなものか、地の文で書くと筆者の品性を疑われるので、ゲームにたとえて紹介しましょう。最後の崖っぷちになってラスボス（最後に立ちはだかる最強の敵のこと）があらわれ、次のように叫ぶ場面を想像してください。

「イホウ、イホウってうるさいね。確かに、現在と同様、われわれが植民地支配をしていた19世紀以前でも、植民地の人々をジェノサイドしたら、それは違法だったでしょう。そこは認めるさ。

だけど、植民地支配そのものが違法だって、誰が決めたの？　われわれ文明国は、それを合法だと認めたよ。あんた方はどうだったのさ。違法だってどこかで決めた？

そもそもあんた方は、水準が低すぎて、国際法という概念がなかったでしょう。法という概念がないところに、合法もなければ違法もない。あんた方には支配されることが違法だって決めるだけの水準がなかったってことさ。

当時、合法か違法かを決められたのはわれわれだけっていうこと。残念ながらいまは違うけどね。

それにしても、ようやく法律のことを理解したあんた方が、いまになって勝手なことを言ったってダメなの。法の不遡及といってね、あとになって違法だと決めて裁くなんて、法律の世界では許されないことなのよ。それくらい分かる程度には文明を身につけたでしょ」

日本を仲間に引き入れることがカギではないか

この論理をどう打ち破っていくのか。アフリカ諸国はダーバン会議でそこに臨みましたが、現在、後退することを余儀なくされています。韓国は大法院判決でそれに挑戦しようとしていますが、どうすればいいのか分かっていません。だから、韓国政府は判決を尊重するという以外、何の具体的な提起もできずにいますし、韓国国会議長がつくった法案なるものも、植民地支配の違法性の問題には口をつぐんだままです。目の前に立ちふさがるカベのあまりの高さに、みんながひるんでいるのが現状だと言えるでしょう。

大事なことの一つは、旧植民地諸国の結束でしょう。現在、アフリカ諸国はダーバン会議でヨーロッパに挑み、アジア諸国では韓国だけが日本に対して挑んでいますが、バラバラでは勝ち目はありません。他のアジア諸国も含め旧植民地諸国の一致点をどうつくりあげ、欧米日に勝負をかけていくのかが問われます。

もう一つ大事なことは、勝負をかけるための理論的な飛躍です。20世紀初頭までの世界において、国際法の主体となれたのは欧米諸国だけとされ、野蛮なアジア、アフリカを支配するのは合法だとして植民地を獲得していったことをどう批判し、その誤りをどうやって旧宗主国に認めさせていくのか。

筆者は、残念ながら、まだその解答の全容を手にしていません。ただ、解答を見つける上で、日本政府がカギになるのではないかという予感はあります。

安倍首相がよく自慢することの一つに、第一次大戦後のベルサイユ平和会議に代表団を送った日本が、国際連盟規約に人種差別禁止条項を入れようとしたことがあります。日本は当時、すでに朝鮮民族を支配していたわけですから、この提案の意義を額面通りに受け取るわけにはいきません。

しかし、どこかの時点までは、人種差別を憎む気持は日本にとっても真剣なものだったはずです。安倍首相自身が、「100年以上前の世界には、西洋諸国を中心とした国々の広大な植民地が広がっていました。圧倒的な技術的優位を背景に、植民地支配の波は、19世紀、アジアにも押し寄せました。その危機感が、日本にとって、近代化の原動力になったことは、間違いありません」（戦後70年談話）と述べたように、植民地化を強く拒否する思いが日本にはあったはずなのです。

その感覚が昂じて、みずから宗主国になる道を選んだとはいえ、日本もまた、植民地にされることは違法だという認識をもっていたとも言えるのではないでしょうか。欧米諸国にとっては自国が植民地にされるなど想像もできなかったことですから、そこが日本とは決定的に異なるのです。それならば、危機感をいだいた原点に立ち返り、旧植民地諸国とともに歩む決断をする選択をしようではないかと、筆者は安倍首相に問いかけたいと思います。日本を仲間に加えることができるかどうかが、この問題を打開するカギになる可能性があります。

おわりに

旧宗主国がかつての植民地支配の違法性を認めるのは簡単ではありません。文明先進国として価値観は牢固なものですし、違法性を認める先には途方もない賠償が待ち構えているかもしれないとなれば、議論すら拒否する国が多いことも理解できます。日本とて同じことでしょう。

けれども、一つ注目しておきたいのは、1965年の日韓条約を結んだ一方の当事者である日本側は、植民地支配の違法性をあいまいにした決着が、やがて大きな問題を引き起こすのを自覚していたことです。椎名悦三郎外相（当時）が、国会で「両国の利害が、今後条約発効後に衝突するというような場合」が想定されるので、その際は解決しなければならないと答弁していたのです。

「それから『もはや無効』というのは、一体、当初から無効であったのか、それとも、かつては有効であったか、いつから無効であるかというような点が御質問の点だと思います……。これも聞くところによると、韓国の言い方とわれわれの主張と食い違うようでありますが、これらの点について、もし実際問題として、両国の利害が、今後条約発効後に衝突するというような場合には、十分にこれを解決する自信を持っておるわけであります」（65年11月19日「第五十回国会参議院会議録」第八号、自民党の草葉隆圓議員の質問への答弁）

もちろん椎名氏は、日本側に有利に「解決する自信」を表明しているわけですが、少なくとも交渉しなければならないという自覚は持っていたのです。それならば、どのような解決になるかは別にして、条約の解釈（違法か合法か、無効か有効か）を一致させる交渉を行うことでは、日本と韓国は合意できるのではないでしょうか。まずそこで合意し、交渉の最中に日本企業の資産凍結をしないと韓国側が約束すれば、遠い道のりであっても両国が共に歩む道を見つけることができる可能性があります。

この仕事は、両国政府が何らかの妥協で解決策を見つけられるようなものではなく（それも大事ですが）、両国国民の議論と認識の発展が求められるところに、他の外交課題とは異なる要素があります。一人ひとりがその自覚を持つことが出発点となるでしょう。

卵はすでに
温められている

伊地知紀子

伊地知紀子（いぢち・のりこ）

１９６６年兵庫県生まれ。大阪市立大学大学院文学研究科教授。文化人類学、生活世界の社会学、朝鮮地域研究。著書に、『在日朝鮮人の名前』（明石書店）、『生活世界の創造と実践――韓国・済州島の生活誌から』（御茶の水書房）、『消されたマッコリ。――朝鮮・家醸《カヤン》酒《ジュ》文化を今に受け継ぐ』（社会評論社）、『済州島を知るための55章』（共編著、明石書店）など。

韓国最南端に位置する済州島《チェジュ》に通い始めて、かれこれ四半世紀が過ぎようとしている。日本から近い（直行便で片道1時間半）こともあり、年に2、3回は必ず行く。しかも、向かう先はずっと同じ村の同じ家族のところである。当初は大学院生であり文化人類学フィールドワーク事始めだったが、最近はこの家族の祭祀や結婚式といった行事の際に訪れることが増えている。一介の日本人である私が、どうしてこのように足繁く済州島へ、しかも毎度同じ家族のもとへ通うようになったのでしょう。ここでは、そのあまり長くない軌跡にお付き合いください。

胎動

そもそも、なぜ済州島で暮らすことにしたのか。それは、修士論文作成のために出かけていった大阪市生野区で出会った人びとのほとんどが、済州島からきていたと知ったからだ。在日コリアン一世の女性たちへ生活史調査をしようと考えたのだが、出会った人に、すぐさま「これまでどうやって生きてこられたのですか?」と聞くわけにはいかない。そこで、まずは出会う場所として「生野オモニハッキョ（お母さん学校）」という識字学級に通ったり、夜間中学に通う方を紹介していただいたりした。生野オモニハッキョは、植民地下の朝鮮でも渡日後も学校に通う機会を得られなかった在日コリアンの女性たちの要望を受け、1977

年に開講され現在も続いている。私は、ここにスタッフとして関わりながら、オモニたちの身の上話を伺う機会を得るようになっていった。こんなふうに私が動き出せるようになったのは、関西での在野の研究—運動の蓄積に学ぶ機会を得たからであった。

私は、大学院進学を考えるまで在日コリアンについて無知だった。家族親戚、友人知人に誰一人として朝鮮半島にルーツをもつ人はおらず（気づいていなかっただけかもしれない）、また学校教育でもふれられることはなかった。イギリスから始めたヨーロッパでのバックパックの旅から戻り中国に行ってみて初めて、日本の植民地支配について取り上げたいという気持ちが生まれたものの、何をどうしてよいのかわからない。大学院に進学といっても学部で英米学科にいる私には他の専門の研究手法など見当もつかない。卒業論文も進学に合わせて用意する必要に迫られた。そこで、社会学なら何でも扱えるだろうという安易な考えで、当時大学におられた伊藤公雄さんに相談した。伊藤さんは「在日朝鮮人のことで書けばいいんじゃない？　帰化とか」とさらっとアドバイスをくださった。そうすることにした。

しかし、在日コリアンの帰化についての文献を探すもほとんどない。そこで私家版で『在日朝鮮人の帰化』という冊子を出版していた金英達《キムヨンダル》さんという方がおられることを知り、早速手紙を出してみたところ、ありとあらゆる資料を入手するという幸運を得た。実際に金英達さんにお会いしたのは、卒論完成後だった。ヘップ工場の事務をしながら、空いた時間に在日コリアンをめぐる法制度問題について研究していた金英達さんは、無知な日本人の若者である私が在日コリアンについて学ぶことをとても喜んでくれた。そして、私の拙い研究を発表するようにと、当時山陽電鉄須磨駅そばにあった青丘文庫に連れていってくださった。

青丘文庫とは、神戸市でゴム工場を営んでいた韓晳曦《ハンソッキ》さんが、私財によって1969年に設立した私設図書館であり、古代から現代までの朝鮮半島および関連地域の膨大な図書および史料を所蔵していた。現在これらは神戸市立中央図書館内に移され、一般利用可能だ。ここでは、在日朝鮮人運動史研究関西部会（1979年発足）と朝鮮民族運動史研究会（1981年発足）が毎月開催されている。初めて訪れたとき、私より20歳以上年上の人ばかりがずらっと座っておられた。諸分野各方面に造詣の深い人たちばかりで、会社員、公務員や自営業、職業不明という人もいて、そのなかに大学教員もいるという構成だった。私は他に寄る辺もないので、この青丘文庫での研究会には顔を出すようにしていた。

この研究会の運営を実質的にとりまとめてきたのは、阪急六甲駅すぐそばにある神戸学生青年センター（以下、学生センター）の飛田雄一さん（現理事長、元館長、当時は職員）である。学生センターは食料環境、キリスト教、朝鮮史が活動の三本柱であり、朝鮮史は「むくげの会」という研究会が担っていた。軍事政権時代の韓国の新聞記事を翻訳するという同時代のテーマから始まり、古代史から近現代史まで幅広く研究するメンバー各自が単著出版を目標とし（すでに達成されている）、実に丁寧で深みのある研究を発表し続けている。加えて、ここは、在日コリアンへの差別問題にかかわる市民運動拠点にもなってきた。現ソウル市長である朴《パク》元淳《ウォンスン》さんが在野の活動家だったときに遊びにきたり、スターリンによって中央アジアに強制移住させられたコリアン二世代目であるカザフスタンのゲルマン・キムさんが講演しに来たこともある。学生センターは関西におけるコリアンネットワークのハブとして、今にいたるまで国内外から一目置かれているのである。

1991年、学生センターで第二回目となる「朝鮮人・中国人強制連行・強制労働を考える全国交流集会」が開催され、私も準備からお手伝いをした。日本政府と企業に対し植民地責任を問う戦後補償裁判が堰を切ったように提訴され始めたのは、ちょうどこの頃である。時期を同じくして開催されたこの集会には、日本全国各地で強制連行の歴史を掘り起こす人びとが続々とやってくる、その熱量に圧倒された。当時バブルを満喫していた右も左もわからない学生だった私は、なんとなく日本の植民地支配の歴史に関心は持ったものの、目指すところがあるわけでもなく、縁が縁を呼びふらふらとこのような集会に顔を出すことになったというのが実際のところだった。市民運動に関わるには、確たる主義主張がなければその場に正式参加など許されないのだろうと思っていたが、この場にいるなかでそれは杞憂に終わった。

各地から集まった人びとは、調査方法、内容、課題について集会後も深夜まで（なかには朝方まで）センターのあちこちに円陣を作って議論していた。誰から頼まれたわけでもない、成果を出しても誰からも評価されるわけでもないのに、この真剣さは何だろう。私が出会ったことのない光景がそこにあった。さらに目を引いたのは、議論が白熱しても何が正しいのかという結論を下そうとする人はいないということだった。皆が手持ちの材料を出し知恵を絞り、植民地支配の歴史を丁寧に記録し、朝鮮半島、中国の人びととのよりよい関係づくりを目指していた。一方で、見渡すとほぼ男性ばかりで同世代の人間はほとんどいなかった。また、集会や研究会で出会う人びとは社会運動への関心が高い。そんななか、こうした集まりに出てこない人びと、そして女性たちの姿が見えないことが気になっていった。その思いが生野での生活史調査に結びついたのだろう。ただ、生活史調査というのは、話を聞かせてもらって終わりというものではないと知った。一人ひとりの生のほんの一部を教えてもらうことで、世界がいかに複雑で自分がどれほど無知なのかという事実に向き合う。毎度、宙に放り出されるような感覚に陥った。

耳を澄ます

生野区で出会った在日コリアンの女性たちはみな渡日第一世代で、日本語も朝鮮語も読み書きを学ぶ機会がえられないまま、職住隣接の小さな生活域で家族を養い冠婚葬祭を執り行っていた。済州島から1956年に父母を頼って密航で渡日し、その後在留資格を取得したハルモニ（おばあさん）が、生野区へ辿り着き朝鮮市場（現在コリアタウン）で始めたのは、他人の商店の軒先を借り、ダンボール箱の上で販売するキムチ屋だった。今では、一軒の店を持ち生野区、釜山、そして故郷の済州島にも家を持っている。他にも、歩合制ゆえにまともに寝転がって睡眠を取るのも惜しいと、家事育児以外は座ったままで内職の仕事をしながら7人の子供を育てたハルモニもいた。生活史を聞きにきた私に、こういう生活が「あんたにできるか?」と彼女たちはふと問いかけてきた。だからといって、自分の暮らしを語る時、日本による朝鮮の植民地支配、解放後の済州4・3、南北分断、朝鮮戦争といった大きな物語の解説をしながら話す人はほとんどいなかった。ただ、言葉も文化も異なる地で働き家族を養わなければならないうえに、差別と排除の壁が立ちはだかる日本社会のなかで生きてきた彼女たちの佇まいからは、ここまでせなあかんかったんやで、どう思う?という問いが、わざわざ言わなくても滲み出ているという感じだった。加えて、「もしあんたならどうする?」という問いかけもまた含まれているようでもあった。その場で返す言葉など、なかった。

それでも、彼女たちの語りに耳を澄ますことで、限られた資源に持ち前の技術や知恵と知識に気転をきかせて築いてきた日常の営みから圧倒的な力をもらった気がして、なんとか修士論文にまとめた。放任主義の指導教官は、その修士論文を「真ん中をきれいに抜ける場外ホームラン」と評してくれた。お気楽な性格である私はすっかり気をよくして、博士課程に進む気になってしまった。指導教官はケニアをメインフィールドとする松田素二さんである。

松田さんは、都市への出稼ぎ民社会の動態や破局的事態にかかる互助システム、アフリカの歴史的不正義にたいする正義回復運動を研究している。それに加え、韓国の被爆者を救援する市民の会（以下、市民の会）の活動もしている。

その松田さんが、博士課程に進学する直前のある日、あんドーナツを買ってくれた。それは、在韓被爆者の渡日治療事業を受け入れている松原市の阪南中央病院に一緒に行く時だった。この事業は、日本政府が「人道的立場」から開始したものだ。当時は在韓被爆者のことはよくわかっていなかったし、ご本人と病院でどのように対面するものなのか全く予想がつかなかった。病院に向かう車のなかで、松田さんは「ほい、これ」と一個くれた。私はあんドーナツが大好きなので、つい気が緩んでしまった。

到着してお会いしたのは李孟姫《イメンヒ》さんだった。李孟姫さんが渡日治療を受けるきっかけとなったのは、１９９０年にソウルにある日本大使館前で自らビラをまき、農薬を飲んで服毒自殺を図ったことがニュースとなり、その存在を市民の会のメンバーが把握したからだった。植民地期にやむをえず渡った広島で被爆した李孟姫さんは、解放後何とか朝鮮半島の地を踏めたものの、差別を受けることを恐れ自らが被爆者であることを隠して生きてきた。しかし、この年に日本政府が在韓被爆者に対して打ち出した「人道的立場」からの基金型支援策のニュースを聞き、これが謝罪もなく抜本的な補償でもないことから、怒りのあまり抗議行動に出たのだった。

病院でお会いした李孟姫さんは、広島弁で「ほら、首の後ろを見てください。ここに火傷の跡があるですよ」といいながら、私の手をぐっと摑んで傷跡があるあたりを触らせた。私にはどのあたりがその跡なのかよくわからなかったが、「はい、確かに」と応えてしまった。すると、李孟姫さんは私の手を両手でがっしり握りしめ力のこもった目で「ありがとう」と何度も繰り返した。この瞬間、生野区での生活史調査で応えに詰まった時の感覚が蘇り、これはこういうことなのかもしれない、と思った。火傷の跡を本当に確認できたかどうかが問題なのではなく、李孟姫さん自身が確かに被爆者であると頷くことが、この時私にできることだった。正しい回答を探り当てることが重要なのではない。相手が出した手をただ握り返すことから始まるのだ。生野区でハルモニたちに同じような生活が「できるか?」と問われた時、「できないです」と応えることができなかった自分に、このとき気づいたのだった。

李孟姫さんのような在韓被爆者を支援する日本の市民運動は、1971年に始まった。「日本人は唯一の被爆国民」という定型句を信じて疑わない敗戦15年目、韓国から被爆治療を求めて密航してきた孫振斗《ソンジンドゥ》さんのニュースに衝撃を受けた人びとがいた。被爆者は日本人だけではない。韓国の被爆者を救援する市民の会が設立されたのはこの時であった。市民の会は、まず孫振斗さんの治療が可能となるよう支援することから活動を始めた。その後は何度も繰り返し韓国の被爆者を訪問するようになり、来日可能な状態の人については、被爆者手帳取得と渡日治療のサポートを主たる活動とするようになった。広島、長崎、大阪に支部があり、現在の会長である市場淳子さんは大学生の時に市民の会に参加した。韓国の被爆者は、長年日本の被爆行政の外に置かれていた。被爆による体調不良が続き就業困難となり困窮を極め、加齢とともに重篤な病気を患うことは珍しくなかったが、何の援護もなかった。市場さんは、こうした在韓被爆者のお宅を一軒一軒、かつ何度も訪問してきた一人である。私は李孟姫さんに面会した後、大阪支部の世話人になり在韓被爆者訪問に同行するようになった。

市場さんは毎回「来るのが遅くなってすみません」と開口一番にいう。「植民地支配への謝罪」という表現がメディアで出回ると、即座に「いつまで謝ればいいんだ」というまでになってしまった。しかし、改めて言うまでもないが、日本の私たちはすでにあらゆることに遅れている。植民地支配の歴史を直視することにも、その事後に対応することにも遅れをとっている。そんな日本社会の未熟さは、アメリカを中心とする冷戦下での「平和」のなかで「余裕」をかましてきたことによる。それゆえ、どれをとっても「遅くなってすみません」という立場にあるのだ。それだけではない。市場さんは、被爆者自身や家族の訴えに耳を澄まし、現状で何ができてできないのかを丁寧に説明する。何より必要とされているのは、都度の対話だった。

また、韓国から被爆者が来日する際は、大阪の市民の会が空港まで迎えに行き、受け入れ先の阪南中央病院へ送りとどけていた。来日する人びとの第一目的は被爆治療だが、日本にせっかく来たのだからと買い物もする。なかには、日本のゴマ油一斗缶を10缶購入することもあった。韓国のゴマ油のほうが美味しいと私は思うが、韓国では21世紀に入る頃までは日本製品信仰が厚かったのだ。もちろん、買い物はゴマ油だけにとどまらない。山のように増えた荷物を自家用車に詰めるだけ詰め込み、帰りの便に間に合うように空港まで必死に運転するのは松田さんの仕事だった。松田さんも大学生の頃に市民の会に参加した一人である。市場さんも松田さんも含めて市民の会は、何事もまずは引き受ける。現状で自分たちが対応可能な範囲を検討し、難しい場合は別の手立てを探す。課題が積み上がっていくなかで、機を見て打開策を提案するが、常に相手の決断を待つ。それは、いずれも太平洋戦争後という時代のなかで、相手の生きてきた時間の流れと自分たちとの違いをあるがままにした状態で、都度に落としどころを生まんとする動態的な回路づくりである。社会運動としてはある意味「ぬるい」と見なされがちなこの活動は、市民の会初代会長だった松井義子さんの佇まいを受け継いでいる。松井さんは、何よりも力まず場に立ち会うことを優先していた。当時私は、博士課程に進学したものの、すぐさま取り掛かる課題があるわけではなかった。市民の会の活動のなかでこうした姿にふれていくうちに、私もまずは現場に飛び込んでみようと思うようになった。生野区で出会った人びとが語る海の匂いや風の強さってどんなふうなんだろう、気になっていたのである。済州島へ向かうことにした。

声をひらく

その日は海からの風が強く吹いていて、身体が少し斜めになっているように感じながら村の道を歩いていた。私の住んでいる家からは歩いて3分ほどなのに、遠く感じる。今日こそはあのハルモニに挨拶しなくては、と決めた冬のある日だった。

村で最も敬意がおかれているこの屋敷の入り口には太く頑強な門が建ち、敷居をまたぐことがかなりためらわれる。それでも今日こそはと足を踏み入れ、アンコリ（母屋）の向かいにあるパッコリ（外棟）の戸をガラガラと開けた。「誰だい?」。なかからやや低い、けれど真っ直ぐ飛んでくるような声がした。挨拶しながら入ると、「ああ、あんたが日本の子かい。何しに来たんだい」とハルモニは寝床からすっと起き上がり尋ねた。このハルモニは、村全体で執り行う儀礼の実施決定権をもつ地位にある。つまり、一番えらいハルモニなのだ。1994年当時80歳半ばの彼女は、小柄で身体は細く華奢に見えるが、現役時代は村一番のチャムス（済州語で「海女」）だった。

「あのー、植民地時代の歴史を学びに来ました」と答える私に、「あんたはその時代に生まれてないからね。わからないだろう。あの時代、私らは大変だった。何から何まで供出させられて、食べるものはないし。そのことを知っておけば、それでいい」というと、ハルモニは「これで終わり」といわんばかりにさっさと寝床に潜ってしまった。私はこれ以上話を続けられないなと諦め（そもそも当時は語彙がそんなに豊富でもなかったのに、よく顔を出したものだと思う）、すごすご帰るしかなかった。

それでも、一度は訪問せねばと思っていたハルモニと対面できたことで、この日は何だか大きな仕事をした気分になっていた。それは、朝鮮半島の南に位置する済州島の北東部、島では中規模となる３００戸ほどの村、杏源《ヘンウォン》に住み始めて半年ほど経った時のことだった。それまでに、私、つまり日本人が住み始めたという噂は瞬く間に村中に広まっていた。後で聞けば、朝鮮の解放後（日本の敗戦後）、済州島に長期留学してきた日本人は私が初めて、村にとっても日本人が住み込むなんて初めての経験だったのである。

杏源を紹介してくれたのは、済州大学校の先生である。渡航前、文化人類学のフィールドワークという名目での留学に向けた手続きは順調だった。しかし、いざ村に住み込むとなると、いくつもの課題に向き合わざるをえなくなった。というのも、行き先はかつて日本が植民地支配した地域であって、そこへ日本人の私が行くのだ。しかも、朝鮮語を全然勉強していない（怠け者なので）。ソウルに留学した人はたくさんいたが、会って聞いてみると、道端で日本語を話した途端に周囲の目が自分にさっと向けられたなどと、ため息混じりに体験談を語ってくれる。見渡しても、誰ひとり済州島で暮らした経験がない。

映画『１９８７』（日本語タイトルは『１９８７、ある真実の闘い』）のなかで、民主化運動に関わった学生を拷問で死亡させた警察が事件を隠蔽工作したことが発覚し、全国に民主化要求デモが展開した様が生々しく描かれているように、韓国は長らく軍事政権であった。留学したのは、ソウルオリンピックを経て、ようやく一般の人びとが海外に自由渡航できるようになった1989年からまだ5年しか経っていない。韓国の地方のさらに田舎に外国人が住み込むのだから公安にチェックされるかもよ、というアドバイスも受けていた（実際、村の家に一度警察が来て「何しに来たんですか」と尋ねられたが、済州島民は概ね知り合いの知り合いなのでオモニが出したコーヒーを飲んで帰った）。それでもよいと思った。生野区でハルモニたちが生き生きと語ってくれた済州島で、人びとは今どんな暮らしを営んでいるんだろうか。行ってみたところで、何もわからず帰ってくることになるのかもしれない、それでも島の風と海にふれたかった。

杏源に着くと、まずは紹介者である先生のお母さんの家に転がり込んだ。離れとして畑のなかに建てた簡素な家で、台所とひと間あるだけなので、翌日から二人暮らしは窮屈であることがわかり転居先を探すことになった。どのような人にお世話になるのか、待つしかない。数日後に、世話を焼いてくれるオンニ（姐さん）が呼びにきた。オンニが営む小さな商店に行き、奥の部屋でぼーっとしていると、畑仕事を終えたご夫婦が入り口から日によく焼けた顔をのぞかせた。「僕の家に来たらいいからね。何も心配いらないからね」と、ややたどたどしい日本語を話す安基男《アンキナム》さん、その後ろからニコッと白い歯を見せて顔をのぞかせる朴天《パクチョン》烈《ニョル》さん。お二人の笑顔が放つ明るさは、まるで御光が差しているかのようだった。以来、お二人は私にとって済州のアボジ（お父さん）とオモニ（お母さん）となる。

転居先はアボジの生家であり、梁に「大正十四年乙丑十一月…」と棟上げの年月が刻まれていた。アボジたちは4年前に建てた真向かいの新居に住んでおり、祭祀の時のみ使用する旧宅の一室を無料で貸してくれた。村の人びとからは、何をしに来たのかよくわからないけれど、とにかくこんな田舎に住みに来た学生ということで大変気の毒がられた。転居先には、村のあちこちから皿、スッカラ（匙）、チョッカラ（箸）、鍋、布団など、生活必需品が次から次へと届けられた。そうこうしているうちに、この子が稼ぐにはどうすればよいのか、同甲（同年齢）の子は誰だったかという議論が始まり、私はただその場で座っているしかなかった。冬になると「これも勉強だ」とアボジの長男にいわれ、教えられたとおりにオンドル（床下暖房）を枯れ木で焚き付けていると、煙突からあがった煙をみた近所のおばさんが走ってきて「そんなことしてるのはアンタだけ」と、日本で購入してきた電気カーペットを持ってきてくれたこともあった。

　転居当日、あっという間に生活用品が整ったので家の前の路地にでると、あちこちから人が出て来て私の前後左右に座り込む。「あんた、どっから来たん?」と流れるような関西弁を話す隣のおばさんに驚愕しつつも、「大阪の大学から、あっ、生野区にも一年住んでいました」と関西イントネーションの日本語で答える。大阪市生野区に済州島出身者が多いことは事前学習で知っていたのである。私の答えに間髪入れず隣のおじさんが「生野のどこに住んでたんや?」と、先のおばさんほどではないがやはり関西弁で聞いてくる。生野を知ってるんやと思いながら「中川西です」と返すと、「中川西やったら」、と合いの手がすぐ入る。中川西やったらって、なんでそんな町の名前まで知ってるんやろうと思う間もないくらいの速さで「そばに阪神パチンコがあるやろ」と続く。「あります、あります！」と言ってしまった。「わしはあの裏に住んでてたんや」と自慢げなおじさんの横で、鶴橋の焼肉屋の名前をあげながら「私は先月までそこで皿洗いしてたんやけどな」と続ける別のおばさんに、呆気にとられた私は返す言葉もなく、ここは生野の路上ではないかと錯覚しそうになっていた。

村のおばさん、おじさん（済州島ではいずれも「サムチュン」と呼ぶ。標準韓国語の「三寸」、三親等の意だが心的距離を指す）たちが済州島と大阪を往来するなかで仕入れた関西弁、そしてアボジが植民地下で身に付けさせられた日本語を介して、私は朝鮮語ではなく済州語から学びはじめた。１９３１年生まれのアボジは、解放前に国民学校へ通っていたので、ひらがな、カタカナも書ける。アボジは私に、「九九を日本語で覚えてしまったから、ハングルで九九はできないね」と呟いた時がある。同じ歳のオモニは男尊女卑もあり解放前も後も学校には通えなかったので、結婚後に夫からハングルを学んだ。村の言語環境だけみても、朝鮮時代に持ち込まれた儒教的価値観に日本による植民地支配が生み出した言語政策が重なり、その後もつづく日本との「国境をまたぐ生活圏」（梶村秀樹）のなかで都度に新たな日本語が流入する。私は村の日常にこれほどの日本語が生き残っているとは思いもよらなかった。しかも、今なお新たな語彙が持ち込まれ続けており、その日本語によって私は会話を補ってもらっているのだった。私は「日本語」とどう向き合えばいいのだろう、着地点は見えないままだった。

それでも、毎日がすこぶる楽しかった。とりあえず、村ではやることがない（インタビューするにも半年ほどは会話もまともにできず、そもそも調査スケジュールなどないままとりあえず住み始めたわけです）。アボジやオモニについていってニンニク植え付け、大豆、大根、人参の収穫と季節ごとに変わる畑での作業を教えてもらい、実は海が苦手なオモニの代わりに村をあげてのヒジキ、テングサの採集にいき、しまいにはチャムスたちの後ろに付いて潜ってはサザエやアメフラシを採り、合間に冠婚葬祭の手伝いをする日々だった。そうしているうちに、ある日、たまに他所の畑でご一緒するやや目つきの鋭い女サムチュンが「ヤア！　いるかい!!」と私の家にやってきた。ガラッとガラス戸を開けて片身だけ入れ、「ちょっと聞きたいことがあるんだけど。『ワレラハダイニッポンテイコクノシンミンデアリマス』ってどういう意味なんだい?」とまっすぐな目で尋ねる。すらすらと出るフレーズにぎょっとし、一瞬間が空いてしまったが、思いつく限りの知識を動員し「皇国臣民の誓詞」について拙い済州語で説明した。しかし、なんだか他人の口で話している感が否めず「十分説明できないで、すみません」と最後に言うのがやっとだった。「そうだったのかい。私は国民学校でこれを何度も言わされたんだけど、一体何の意味なのかさっぱりわからなかったんだ。それで、あんたが来たから一回聞いてみようと思ったんだ。ありがとう」と言ってさらっと帰ってしまった。その後は、道で出会ったり畑で一緒になるといつもニカッと笑ってくれるようになった。

オモニとほぼ同じ年齢のこのサムチュンの来訪は、女性であっても国民学校に通った人がいたことを教えてくれるものでもあった。もちろんそれだけではない。日中戦争以降、日本は植民地政策を強化した。神社参拝の強制、創氏改名（日本風氏名と日本式の家族同一姓を強要し朝鮮文化の解体を狙うものであり、通称名のベースとなった）、朝鮮語教育の全廃など、いずれも同化政策であるが日本人との差異を設けた差別政策であった。先のサムチュンは、暗記を強要された皇国臣民の誓詞を覚えていた。それは、記憶の植民地化である。覚えなければ罰を受けるので、嫌でも覚えなければならない。けれど、私はサムチュンの問いを聞き、ニカッと笑う顔をみて「精神の非植民地化（グギ・ワ・ジオンゴ）」を思い出した。彼女は確かに暗記を強いられたけれど、時を経て機を得て、旧宗主国から来た私に問うたのだった。一体何をされたのか、と。

残念ながら高校までの教育では、日本の植民地支配について学ぶ機会はほぼない（少なくとも神奈川、大阪、広島、兵庫で通った公立学校ではなかった）。国際化（と当時はいっていた、今やグローバル化に語彙変換）の波に乗って外国語大学しかも英米学科に入った私は、イギリスでの短期語学留学で英語圏文化と肌が合わず、日本社会、とりわけ植民地支配の歴史やナショナリズムがわかっていないという事実に直面した。その後、多くの方々のアドバイスやご縁をいただき、済州島まで来たものの、大きな物語としての日本の植民地支配の歴史に加害者として直面する契機はなかった。私が日本人だからと謝罪を求めたり、罵声を浴びせたり、恨み辛みをぶち撒ける人は一人もいなかった。村という小さな共同体の日常で出会ったのは、全く別の形である。村で一番偉いハルモニのあっさりした対応や、アボジのつぶやき、サムチュンの問いと笑顔だった。そこで私はこう思った。植民地支配の被害は、朝鮮の解放によって終止符を打つのではなく、被支配とは何だったのかをそれぞれが身をもって問い続けることを課すのだ。では、敗戦後であれ加害側の人間である私に、どのような応答ができるのだろうか。応え続けること、である。問われれば、可能な限り答え、わからなければ調べ、機会を得られれば学びに出かけ考え続ける。それは書物によるものにとどまらない。

二度目の留学期間を終えた1998年春、私はいったん日本に戻った。以来、年に2、3回は必ず済州島に行く。ある日、アボジと仲の良い公三《コンサム》サムチュンが「日本語の絵本を買ってきてくれないか」という。お安い御用だ。『桃太郎』と『花咲か爺さん』を購入し、次に行った時に渡した。「ももたろさん、ももたろさん、いう歌があったな。いっすんぼし、いうのもあったな」と公三サムチュンがいうと、アボジは「むかしむかし、といっておったじゃないか」と応える。しばらく二人で静かに一読した後、横にいた私に「ありがとう」といい、その場は終わった。それだけだった。そして今まで、私は済州島の身内から頼まれるものは、入手できなかったもの以外は全て持っていっている。ひとりのチャムスが耳栓に丁度良いと日本で見つけ瞬く間に流行った百均の小麦粉ねんど、日本製品信仰の名残を見せる湿布や保温弁当箱、韓国のトック（餅）も美味しいけれど昔食べた日本の餅が食べたいからと頼まれた餅つき機を持参したこともあった。まるで昔からの習いであるかのように。

交した約束

関西で培われてきた草の根市民運動の厚い世界に行きがかりで身を寄せることになったことから、いつの間にか私は現場で一人であっても一人ではないという感覚をもつようになっていた。なんとも不思議だ。日本の植民地責任に関わる運動をつくってきた先達は、決して高潔ぶる人びとではなかった。自らの至らなさや失敗を伏し目がちに開示し、戸惑い立ち止まることを非とせず、多様な人びとと集う楽しさや哀しさを全面展開する。そんな動的な共同体の営みが、正しさを追求せず結論をあせらず、何事もまずは引き受け、とりあえずの落としどころを生み出すというありようになってきたのではないだろうか。まるで都度に編まれる巣のなかで卵が温められるように。

市民運動は一つの実験なのだ。調査研究もまた同様である。私が出会ってきた「ゆるい」市民運動のありようは、理論書では得られない感覚を与えてくれたのだろうと、今では思う。運動と理論とフィールド、その三項の間を往還しながら、あまり根拠のない納得と安心を得た私は、再び済州島へ向かった。最初の1年が過ぎ、関西へ戻って1年半過ごした後だった。

行き先はもちろん、杏源のアボジである安基男さんとオモニである朴天烈さんの家である。

済州国際空港に降り立った後、済州市内で所用を済ませて午後に行きますと村の家に電話を入れておいた。家に着くと、アボジは「いつ来るか～。午後といっても、昼食べてくるのか、3時くらいに来るのか、ずっと待っておったんだよ～」と日本語でいいながらがっしり抱きしめてくれた。オモニは長男の畑に手伝いに出ていて不在だった。夕方帰宅したオモニはいつもの笑顔で「ご飯食べなさい」という。あとで長男が、私の到着を聞いたときのオモニの様子を教えてくれた。「アボジから紀子が帰ってきたっていう電話があったからオモニに伝えたら、涙ぐんでたよ」。アボジはよく喋る人で、喋り相手がいないときは済州の焼酎「漢拏山《ハルラサン》」を朝から飲みながらぼやき、畑で作業しながらつぶやき、テレビにツッコミをいれる。私が横にいると、問わず語りで自分史から村の歴史まで延々話し続けてくれる。オモニは、口数が少なくあまり表情を変えないけれど相対するとニカッと笑顔になる人だった。最初の1年間、オモニが私のことをどう受け止めているのか最後までわからなかった。なので、この時の長男の言葉に、私は胸が熱くなった。そして、ここにいても良いのだと初めて思えたのである。長男は続けた。「オモニは、一昨年紀子が日本に帰ってから、また来てくれるのかなあっていってたんだ」。

当初、私は日本人として初めて村に住み込むことを勝手に決め、運良く家を貸してもらい（しかも無料で）、アボジとオモニをはじめ、その子供たち、近隣のサムチュンたちの助けを十二分に受けながら心底楽しい日々を過ごした。次第に言葉も覚え、返答できるようになり、農作業や海での潜水漁にも参加し、冠婚葬祭を手伝い、寝食を共にしながら、時折済州の研究者が村々を回る民俗調査にも加わり、暮らしに馴染んでいった。ただ、それは私の都合であった。助けてくれた人びともまた、私が自分たちをどのように見ているのか、考えているのか、捉えているのかを見守っていたのである。私は、オモニの涙でやっとこのことに気づいたのだった。やはり遅れている。けれども、再会することがなければ、気づく機会さえ失っていただろう。村の家族もまた、私の再訪によって、抱えていた懸念を払拭したのである。ようやく一歩踏み出せたように思えた。

長く深い葛藤や軋轢、交流や交渉を抱えてきた日韓関係は、小手先の工夫でただちに改善されるようなものではないことは、誰が見ても明らかだろう。けれど、都度に善処する道を開いてみることは、誰にでもできる。手遅れになることなどないのだ。これが、朝鮮半島と日本の片隅で細々と日々を紡いできた私の実感である。日本にいても、物をうごかすときに「片方を手ぶらにして物を運ぶんじゃないよ!」という、あの世からのオモニの声が聴こえ、手を意識する。そして、済州市へご馳走しに連れていくという誘いを毎回丁寧に断り、一緒に家で辛ラーメンを食べるとき「これにはゴマ油を少し垂らすと美味いんだ」と毎回コメントを入れる公三サムチュンがいったとおりに、今もゴマ油は欠かさない。「紀子は昔のことを習っていないだろう。日本に戻ったら、私たちがこんなに辛い歴史を生きたことを学生たちに教えてくれ」、そう言い残して逝った公三サムチュンとの約束とともに。
これからも私は済州島に行き続けます。あなたもいらっしゃいませんか?

見えない関係が
見え始めたとき

平川克美

平川克美（ひらかわ・かつみ）
1950年、東京都生まれ。隣町珈琲店主。声と語りのダウンロードサイト「ラジオデイズ」代表。立教大学客員教授。文筆家。早稲田大学理工学部機械工学科卒業後、翻訳を主業務とするアーバン・トランスレーションを設立。99年シリコンバレーのBusiness Cafe Inc.の設立に参加。著書に『移行期的混乱』（ちくま文庫）、『俺に似たひと』（朝日文庫）、『小商いのすすめ』『「消費」をやめる』（共にミシマ社）、『路地裏の資本主義』（角川SSC新書）、『復路の哲学』（夜間飛行）、『「あまのじゃく」に考える』（三笠書房）、『一回半ひねりの働き方』（角川新書）、『何かのためではない、特別なこと』（平凡社）、『言葉が鍛えられる場所』（大和書房）、『グローバリズムという病』『喪失の戦後史』（共に東洋経済新報社）など。

内面化された己の差別感情と向き合うということ

日韓関係について論じようとするとき、わたしの頭にまず思い浮かぶのは、１９３２年生まれの詩人岩田宏が、植民地時代の個人的な記憶をもとに書いた「住所とギョウザ」という詩作品です。

この作品は、茨木のり子さんも『詩のこころを読む』(岩波ジュニア新書、１９７９年初版)の中で紹介しているので、ご存知の方も多いのではないかと思います。

以前、ある雑誌で詩の特集の責任編集をした時に、詩人の小池昌代さんと対談する機会がありまして、その折にお互いの好きな詩作品について論じたのですが、小池さんもこの「住所とギョウザ」を忘れられない作品であると熱く語ってくれました。

若い方々は知らないかもしれませんが、団塊の世代とそれに続くわたしの年代にとって、詩は今よりもずっと重要な位置を占めていたと思います。ある場合には、単なる叙情表現や感情の表出を超えて、批評性・思想性を持った表現として位置づけられていたからです。

わたしもそのように自分の中に詩を位置づけて、戦中、戦後の代表的な詩人グループである「荒地派」の鮎川信夫や田村隆一、黒田三郎といった詩人たちの詩を、ノートに写したり、暗唱するほど何度も読み返したものです。岩田宏は、彼らよりはひと世代若い詩人で、ブラッドベリやソルジェニツィンの作品の翻訳者として有名な小笠原豊樹は彼の本名です。英語、フランス語、ロシア語に堪能であり、優れた詩も残した稀有の才能の持ち主でした。
ひょっとすると、今回のアンソロジーでは、他の方もこの作品について言及するかもしれませんが、まずは、件の「住所とギョウザ」をお読みいただきたいと思います。

住所とギョウザ

大森区馬込町東四ノ三〇
大森区馬込町東四ノ三〇
二度でも三度でも
腕章はめたおとなに答えた
迷子のおれ
ちっちゃなつぶ
夕日が消える少し前に
坂の下からななめに
リイ君がのぼってきた
おれは上から降りていった

ほそい目で
はずかしそうに笑うから
おれはリイ君が好きだった
リイ君おれが好きだったか
夕日が消えたたそがれのなかで
おれたちは風や帆前船や
雪のふらない南洋のはなしした
そしたらみんなが走ってきて
綿あめのように集まって
飛行機みたいにみんなが叫んだ　くさい
くさい　朝鮮　くさい
おれすぐリイ君から離れて
口ぱくぱくさせて叫ぶふりした　くさい
くさい　朝鮮　くさい
今それを思い出すたびに
おれは一皿五十円の
よなかのギョウザ屋に駆けこんで

なるたけいっぱいニンニク詰めてもらって
たべちまうんだ
二皿でも三皿でも
二皿でも三皿でも!

（「岩田宏詩集」から）

この作品は、岩田宏が自身の少年時代のエピソードをもとに書いたものです。岩田宏は１９３２年生まれですので、６~７歳ぐらいの頃のエピソードだとすれば、１９３０年代の後半、つまりは日中戦争がすでに始まっており、朝鮮は日本の植民地であった時代ということになります。１９１０年の大日本帝国による韓国併合から終戦までの35年間にわたる朝鮮総督府による植民地支配の間の出来事であり、日本国内では大政翼賛会が発足して全体主義的な無言の圧力が市井の空気にも及んでいるわけですね。

当面の日本の敵は中国であり、朝鮮半島は日中戦争のための軍人補給基地のような役割も担っていました。大日本帝国は、皇民化教育、創氏改名を進めました。一方で、朝鮮に対しては戦略的な融和政策をとったこともあり、内地へ職を求めてやってくる朝鮮人も多かったのです。

政治的、軍事的な政策がどうであったにせよ、当時の多くの日本人たちが、そしてとりわけ、大日本帝国の政治家や軍人が韓国人をどのような視線で見ていたのかは、明らかであるように思えます。一言でいえば、支配者目線で、彼らを見下していたということです。よく、日本は東南アジアの国々に対して、経済援助を行い、教育を施した解放者として振る舞ったのであり、感謝されているのだと言う人がいます。年配の人に結構多いのです。しかし、統治政策として融和的な政策が布かれ、その結果として日本に対して好意的な意思を表す韓国人がいようが、言葉も宗教も押し付け、創氏改名を進めて植民化した事実は消すことができないはずです。彼らに対する優等意識は日本人全体にぬぐいがたい偏見として伏流しており、現代にまで続いていると言わざるを得ないのです。これは、朝鮮だけではなく、台湾についても言えることです。さらにいえば、日本に限ったことではなく、宗主国と被植民地の人々の間に生まれる感情には、どこでも似たり寄ったりのところがあるわけです。

これとは対照的なのが、占領国だったアメリカ人に対する日本人の心理です。戦時中は鬼畜米英と畏怖し、忌み嫌っていたのですが、戦後は一転して憧れの対象に変わりました。日本は、アジアに対しては宗主国であり、アメリカに対しては被占領国という複雑なポジションにあったのです。そして、そのことが、戦後、朝鮮や中国に対する必要以上に居丈高な態度になって現れることになったとわたしは思います。

問題は、こうした歴史的な支配／被支配の政治的な関係が、戦争の終結や、独立運動の結果清算されて、国際法的にも、普遍的な価値観に照らしても、独立国家の国民相互の関係は政治的にも倫理的にも平等であるべきだとされた後になっても、一方は宗主国でもあり、一方は被占領国でもあったという過去の記憶による、二重の支配感情は残り続けてしまったということです。それればかりではなく、ある場合にはこの支配感情が増殖して現れます。その感情は本人が差別感情を自覚していなくとも、深く内面化されており、それがふとしたところで表面に浮かび上がってくるのです。

現在の内閣総理大臣の安倍晋三を見ていると、この二重化された支配／被支配の関係が作り出した内面化された差別意識が如実に現れているように見えます。かれ自身は、１９５４年生まれですので、もの心がつく頃には、韓国に対しての直接的な支配関係を経験してはいないのですが、統治時代の差別意識がかれの祖父や父親の時代を経て今でもかれの内部で生き残っているのかもしれません。

一方で、かれのトランプに対する態度は、同じ友好国であるヨーロッパ先進国の首脳に対するそれとは明らかに異なります。トランプのやることに関しては、ほとんど下僕のような全面的な同意を常に与えるわけですが、結果としてその屈辱感は内面化されるわけです。そして、韓国に対して居丈高な態度を表出することで、精神の平仄《ひょうそく》を合わせているようにも見えます。

安倍晋三だけではありません。こうした心理機制は世代を超えて、今の若い人々にまで影響を与えているのかもしれません。

なぜそういうことが起きるのか、それを考えるというのがこの稿の目的です。骨がらみになった無自覚な差別感情を、どのように乗り越えてゆくべきなのかという課題がわたしたち日本人全てに課せられているともいえるでしょう。これに対する簡単な答えはないのですが、まずは、それがどのようなものなのかを知り、内面化された己の差別感情に正面から向き合う必要があることだけは確かなことだろうと思います。

さて、岩田宏の詩に戻りましょう。

冒頭、道に迷った主人公は、警官に自分の住所を繰り返します。大森区馬込町東四ノ三〇。この住所、実はわたしが育った大田区千鳥町というところからそれほど遠くないところです。この辺りに多くの在日朝鮮人が暮らしていたことや朝鮮学校があることは、周辺住民には広く知られていました。わたしが生まれ育った大田区千鳥町には、東京朝鮮第六初級学校がありました。ちなみに大森区は、のちに蒲田区と合併されて、大田区になります。１９４７年のことです。

合併後は、同じ大田区になるわけですので、土地の空気感というか、生活感は共有されていたと思います。

戦後、この詩が書かれたよりもずっと後に、わたしが小学校に入学した時も、何人かの在日朝鮮人が在校していましたし、中学校時代も、交流があった友人の一人に金本くんという人がいました。中学2年生の頃だと思うのですが、金本くんは退校してわたしたちの前から姿を消しました。北朝鮮への帰国事業は1984年まで行われていましたので、わたしが中学生だった60年代半ばに北朝鮮へ渡った可能性もあります。あるいは、近隣の朝鮮学校へ転校したのかもしれませんが、いずれにせよ、ある日、ふと金本くんの消息が不明になり、そのことに、わたしたちもとりわけ驚くこともなく、詮索するということもなかったように思います。父母や教師に聞けばある程度は、その答えがわかったかもしれませんが、なんとなく聞くのがはばかられる空気があったのかもしれません。

中学校の卒業式のとき、学校の周辺に何台かのパトカーが待機したことがありました。1966年のことですが、当時は卒業式になると、不良学生が先生に対する鬱憤を暴力で解消するとか、日頃より対立していたグループが暴力で決着をつけるといった風潮がまだ残っていたのですね。千鳥町の朝鮮学校の生徒が、わたしが通っていた公立中学校の不良グループを襲撃するという噂が立って、不良グループの方も棍棒やチェーンで武装してこれを迎え撃つそうだという噂が広がったのです。実際には、何も起きなかったのですが、いったい誰がこの噂を流したのでしょうか。実際には、根も葉もない噂だったのですが、こうした噂がさも本当のことであるかのように、広まってしまう空気があったということです。わたしは、不良グループと親交があったので、その時のことを今でも鮮やかに覚えています。

もちろん、「空気」とは、日本人と朝鮮人との間に横たわる、見えない敵対関係のことです。もちろん、この敵対関係は現実的なものではなく、先に説明した日韓、日朝の普通の人々の心理機制が作り出した幻想としての敵対関係です。

後年、関東大震災の時の朝鮮人暴動の噂と、それに続く虐殺事件のことを知った時、噂というのは怖いもので、根も葉もないデマであっても、いったん動き出すと、誰にもそれを制止することはできなくなってしまうものだと思ったのは、中学校時代の記憶があったからかもしれません。

こうした出来事の背景には、自分たちが過去に行なった集団的な暴行や弾圧に対して、ゴタゴタに紛れて復讐されるかもしれないという恐怖心があったのではないかと思います。わたしには、あらゆる暴力や弾圧は、過去に自分たちが行なった行為への復讐に対する防御的な意味を持っているように思えます。

しかし、もっと厄介なのは、自分たちの行動に疑いを持ったとしても、集団がヒステリー的な行動をとっているときに、それに異を唱えれば自分が仲間の標的になりかねないという恐怖が伏流していたことです。そうした二重の恐怖から、ちょうど、岩田宏の詩のように、仲間の背後から口をパクパクさせて犯罪的行為に加担してしまうということが日常的に繰り返されたのです。

本稿の最初のところで、日本の占領国アメリカに対する内面化された屈辱感が、韓国に対して居丈高な態度を取ることで平仄を合わせるという二重化された支配／被支配関係があると言いました。過去の自分たちの横暴が、必ず相手による横暴返しとなって表出されるはずだという思い込みと、一旦火がついた集団的なヒステリーによる同調圧力への屈服という二重の恐怖が人をおよそ不条理な行動に駆り立てるという心理の構造はとてもよく似ています。

こうした、一筋縄ではいかない心理状況の中で、不条理な誹謗中傷や暴力の加担者になってしまうということは、誰にでもあることかもしれません。自分の弱気から、あるいは同調圧力に逆らえないという恐怖心から、自分だけは暴力行為の加担者になってしまうことはないと自信を持って言い切れる人は少ないだろうと思います。

岩田宏の詩からは、自己の弱さゆえに、意図しない加担者になってしまったことに対する気持ちを持ち続けていた作者が、己を振り返って、自己処罰をしないではいられない切迫した気持ちが、切々と伝わってきます。

己の中に内面化された複雑な感情に向き合うことでしか、歴史的な支配／被支配の関係にある他者との間に、友好的で対等な関係を築く端緒を見いだすことはできないのかもしれません。残念なことに、多くの場合は、こうした感情に自分でも気付かず、あるいは我知らず隠蔽することで、自分たちの過去の行動を合理化しようとしてしまうことの方が、容易な解決法になってしまうのです。

小池東京都知事は、関東大震災の時に虐殺された朝鮮人犠牲者に対する慰霊法要に対して、歴代の都知事が行なってきた追悼文送付を、三年連続で見送りました。実際にどれだけの犠牲者があったのか、それが組織的なものというよりは突発的な出来事だったのかに関しては不確かな部分が全くないとは言い切れませんが、実際に集団的な暴力や虐殺があったことは歴史家がいくつもの証言や証拠によって明らかにしてきたことです。事実に不確かな部分があることを理由にして、追悼文送付をしないということと、岩田宏のように自分の内面に正面から向き合い、自己処罰をしないではいられないといったメンタリティの間にどれほどの距離があるのかを思うと、慄然とします。

小池氏は1952年生まれですので、わたしとほぼ同年代であり、己の中に朝鮮人に対する複雑な差別感情が伏流していることはご存知のはずですが、それに向き合おうとせずに、政治的なマナーの問題へと逃げているると言わざるを得ないのです。政治的なマナーと言いましたが、むしろ歴史修正主義に加担することで、自分たちの過去の犯罪的な行為を正当化しようとしているということではないでしょうか。

繰り返し反復される差別感情

もう一つ詩を紹介したいと思います。

冒頭の岩田宏の詩に深い共感を寄せる茨木のり子の詩です。茨木のり子は、自身を厳しく見つめ、ときには厳しく鞭打つ言葉が、そのまま読者に対するエールでもあるような稀有な作品を数多く残してくれました。同時代を共有したわたしの経験に照らしても、彼女が紡ぎ出した言葉は、生き、苦しみ、もがいている人々への深い愛が感じられ、少なからぬ人々が彼女の言葉に励まされたことは想像に難くありません。とりわけ、「ぱさぱさに乾いてゆく心を／ひとのせいにはするな／みずから水やりを怠っておいて」と始まり、友人のせいにするな、近親のせいにするな、暮らしのせいにするな、時代のせいにするなと続け「自分の感受性ぐらい／自分で守れ／ばかものよ」と終わる『自分の感受性ぐらい』という作品は、説得力もあり、多くの人の共感を呼びました。

ここに書くのは恥ずかしいのですが、わたしは自分が会社を設立して間もない20代の頃に、精神の不調に苦しんでいた女性に、茨木のり子の詩集に言葉を添えて贈った記憶があります。茨木のり子の詩の中に、自分にはとても言い尽くせない言葉の力、治癒力を感じたのだろうと思います。

優しい詩人だと思っていた茨木のり子の作品は、今読み返すと、社会性の強いものが多く、社会の問題を自分の問題として、正面から向き合ったものが多いのに改めて驚きます。今日の言葉で言えば、当事者意識ということになるでしょうか。そして、その透徹した自己観察力にハッとさせられることが多いのです。世相を慨嘆したり、感情をダイレクトに吐露したり、政治的なメッセージをプロパガンダのように表現することはほとんどありませんが、自分がこの社会の一員であり、市井に生きる生活人であり、時代の犠牲者であり、同時に加担者でもあることを強く意識していた詩人でした。ここに紹介する詩は、茨木のり子の作品としては、必ずしも成功したものとは言えないと思うのですが、作品としての完成度を犠牲にしても表現せずにはおれなかった切迫が読むものに直接的に伝わってくるのです。

くりかえしのうた

日本の若い高校生ら
在日朝鮮高校生らに　乱暴狼藉
集団で　陰惨なやり方で
虚をつかれるとはこのことか
頭にくわっと血がのぼる
手をこまねいて見てたのか

その時　プラットフォームにいた大人たち
父母の世代に解決できなかったことどもは
われらも手をこまねき
孫の世代でくりかえされた　盲目的に

田中正造が白髪ふりみだし
声を限りに呼ばはった足尾鉱毒事件
祖父母ら　ちゃらんぽらんに聞き　お茶を濁したことどもは
いま拡大再生産されつつある

分別ざかりの大人たち
ゆめ　思うな
われわれの手にあまることどもは
孫子の代が切りひらいてくれるだろうなどと
いま解決できなかったことは　くりかえされる
より悪質に　より深く　広く

これは厳たる法則のようだ
自分の腹に局部麻酔を打ち
みずから執刀
病める我が盲腸を剔出した医者もいる
現実に
かかる豪の者もおるぞ

（『人名詩集』より「くりかえしのうた」全文）

主題は明確で、とあるプラットフォームで目撃した日本の高校生による朝鮮人高校生に対する乱暴狼藉に対する絶望的な怒りです。だが、この詩を読んでいると、ちょっとした違和感に襲われるかもしれません。大人たちを糾弾している詩人もまた、その場所にいた大人の一人ではなかったのかという疑問です。詩人もまた手をこまねいて見ているだけだったのか、それとも何か行動を起こしたのかは、この作品からだけではわかりません。

ここが、この作品の微妙なところです。

この作品もまた、注意深く読めば、詩人が自らに対して処罰的な眼差しを向けているのだと読むべきだと思います。

最後の連にある、「自分の腹に局部麻酔を打ち／みずから執刀」しなければ、この状況は、孫子の代までくりかえされ、より悪質に、より深く、より広くなると詩人は言います。

誰もが、その場で声を上げることはできないかもしれません。それが人間の弱さであり、誰もがその弱さを持っています。しかし、彼女のように、この問題を、当事者意識を持って、自分の問題として考えることならできるはずです。

最初にこの詩を読んだ時、日本人の大人とは、いや、日本人に限らないでしょう。人間とはなんと情けない存在なのかと思わずにはいられませんでした。

差別感情が生まれる背景には、この「情けない存在」があるのです。

「情けない存在」が徒党を組んで、今も在日朝鮮人に対して、恫喝を加えているのが今の日本の現状です。

東京新聞の２０１９年12月５日の夕刊に次のような記事が掲載されました。少し長いですが引用します。

在日特権を許さない市民の会（在特会）が朝鮮学校の前でヘイトスピーチを行い、授業を妨げた京都朝鮮学校妨害事件は今月、発生から十年を迎えた。この間、ヘイトスピーチ対策法が成立するなど法整備も進んだが、インターネット上などでは今も在日外国人への攻撃が絶えない。事件当時、学校にいた同志社大三年の南智仁（ナムチイン）さん

(20)は「差別は今も続いている。無知が当事者を苦しめていることを知ってほしい」と訴えている。

妨害は二〇〇九年十二月四日に発生。在特会のメンバーらが旧京都朝鮮第一初級学校(京都市南区)の前で拡声器を使い、約一時間にわたり「密入国の子孫」「日本に住ましてやってんねん」などと連呼した。

(中略)

妨害事件後も在特会などによるヘイトスピーチは各地で続き、一六年にはヘイトスピーチを規制する対策法が成立。こうした動きを通し、南さんは「ヘイトスピーチはあかんという意識が世間的に広がった」と受け止めるが、一方で「朝鮮人に対する偏見はなくなっていない」とも断じる。

大学で在日コリアンのサークルの勧誘活動をしていた時には、通り掛かった学生から「国に帰れや」と吐き捨てるように言われたこともあったという。

南さんは「そもそも在日がどういう歴史的背景で(日本に)いるのか、知らない人が多過ぎる。無知や無関心が差別を助長していることを自覚してほしい」と話す。

この情けなさがどこからくるのか、もう少し、わたしたちの心理的メカニズムを剔抉《てきけつ》してみる必要がありそうです。わたしには、それは単に歴史に対する無知や無関心だけではないように思えます。

本稿は、今日戦後最悪と言われる日韓関係に関しての見方や分析を求められて、着手したものです。日韓関係とは、極めて政治的なテーマであり、そこには両国の国内的な事情や、宗主国とも言えるアメリカや、影響力を強める大国中国との政治的な力学が絡んでいるのは想像に難くありません。ただ、わたしは、日韓の歴史的な経緯や、国際関係について語れるほどの専門家ではありません。

そうした分析を聞きたいとは思いますが、政治的な国家関係の悪化の背後に、両国間の人々の心理的な問題が横たわっているのは明らかだろうと思います。その意味では、日韓関係のもつれの根っこのところには普遍的な問題が横たわっていると思うのです。政治家に対しては、「敵対しながら共存する」という政治的なテクニックを習得していただきたいと思いますが、残念ながら、それほど成熟した政治家はなかなか見当たらないのが現状でしょう。

ならば、この問題をわたしたち自身の問題として、どこまでも突き詰める他には、容易な解決策など見出せるはずもないのではないかと思うのです。

見えない関係

お気付きの読者もいるでしょうが、本稿のタイトルである「見えない関係が見え始めたとき」とは、吉本隆明の「少年期」の中の一節です。

世界は異常な掟（おきて）があり　私刑（リンチ）があり
仲間はずれにされたものは風にふきさらされた
かれらはやがて
団結し　首長をえらび　利権をまもり
近親をいつくしむ
仲間はずれにされたものは
そむき　愛と憎しみをおぼえ
魂の惨劇にたえる
みえない関係が
みえはじめたとき
かれらは深く訣別（けつべつ）している

（吉本隆明「少年期」より抜粋）

吉本は、戦後、思想的転向をした人々を糾弾する中で、ユダヤ教と原始キリスト教の相克の中で、個人が倫理的に生きるとはどういうことなのかを突き詰めて『マチウ書試論』（1959年刊行）を書きました。そして、個人の思想や行動を決定するのは「関係の絶対性」であるという論を展開したのです。上記の詩も、同じ頃書かれたものだろうと思います。

人は状況に応じて、何とでも言える。転向者にとっての倫理とは何なのかとは、興味深いテーマですが、本稿の締めくくりとして、この詩の中にある「みえない関係がみえはじめる」とはどういうことなのかを日韓関係のもつれを通して、まとめてみたいと思います。

日韓関係のもつれは、現代に始まったわけではありません。そもそもは、日本による韓国併合、統治という政治的事実が背景にあるわけです。しかし、それだけなら、日韓関係は今ほどもつれたものにはならなかったはずです。

大航海時代にイギリスが統治した、インドあるいはオランダが統治した南アフリカケープ植民地は、近代化の過程で統治時代の心的な支配関係は終わりました。ドイツが占領したヨーロッパ各国と、現在のドイツとの関係も心的な支配関係は終結しています。ドイツ人にとってもかつての支配国としての高圧的な意識は、現代では希薄なはずです。ナチスによるヴィシー政権を経験したフランス人にも、侵攻したドイツ人の側にも、戦後にまで国民的な心理的桎梏《しっこく》を残すことはありませんでした。もちろん、歴史修正主義者はどこにでもいますし、夜郎自大な人間もおりますので、一部にはかつての占領時代を懐かしむ風潮があるかもしれませんが、国民的な意識とは程遠いものです。

翻って、日本を見てみると、不思議なことに、朝鮮に対する優越的、差別的な意識が当事者だけではなく、子々孫々に至るまで残存してきていると言わなければならないようです。一般的には、韓国人の日本人に対する意識が強いように思われるかもしれません。しかし、わたしは韓国の国内政治事情を反映した反日感情はあるかもしれませんが、韓国国民一般には、内面化された反日感情はそれほど強いものではないように思えます。このことを実証的に検証することなどできませんが、実際に、韓国の会社と合弁事業をしたり、文化交流をしたりする中でのわたしの経験から推し量れば、差別意識は、優越意識の側に強く現れてくるように思えるのです。

歴史的には、日本が先に経済的な発展を遂げましたので、韓国の人々が、日本をロールモデル、あるいはキャッチアップすべき対象として見るという意識はあるだろうと思いますが、日本人が韓国人に対して持っているような内面化した優越意識に対応するようなものは、韓国人の中にはないのはもちろん、内面化された劣等意識もまた、韓国の経済発展とともに希薄化されることになるだろうと思います。

では、日本人に内面化し、今も続いている差別意識はどこから来るのか。繰り返しになりますが、アメリカに対する劣等意識を政治的にも、経済的にも払拭できない状況を放置し続けたことによるというのがわたしの仮説です。

上記の東京新聞の記事の場合には、在日朝鮮人に対して恫喝を加えているものや、ネットで誹謗中傷を重ねているものたちのプロファイルを分析すると、日本社会において優越的な地位を占めているものではなく、むしろ社会階層の低位に位置付けられているものたちが多いのに気がつくはずです。だからこそ、彼らは「在日特権」という架空の特権をでっち上げることで、本来自分たちが受けるべき優遇を受けられず、冷や飯を食う羽目になっているといった類の劣等意識をバネにして、在日朝鮮人に攻撃を加えているわけです。

どちらの場合にも、差別意識、差別行動は、自らが受けている「不当」な扱いを糾弾するための合理的行動であり、コンプレックスの反動であるように見えるのです。

基地問題に典型的なように、アメリカに政治的決定権を握られ続けていることに対する屈辱感を合理化するためには、どこかで日本がアメリカと同様の政治的優位性を保つことで平仄を合わせる必要があったということです。つまり、一人の人間の中に劣等感と優越感が同時に存在している。これが一つ目の見えない関係です。

もう一つの見えない関係もあります。それは、アジア占領の時代に、日本が行なった残虐行為に対して、一人一人が向き合うことをしてこないままに、うやむやにしてきたことからくる罪悪感であり、復讐に対する恐怖感です。

ここにあるのは、過去に確かに起きたこと、あるいは現在起きていることを、正面から見据えることを避け続けるという二つの不作為です。そして、この不作為を放置し続けていることこそが、本当の問題を見えなくしている原因であり、問題を先送りしているつもりで、日々問題を再生産し続ける理由なのだと思います。

生きているものは動物でも、人間でも、自分よりも力の強いものに対峙した時の自分の弱さを隠すために、より弱いものに対して優越的に振る舞うことで、精神のバランスをとろうとする傾向があるのかもしれません。そうした「病」を克服してゆくプロセスが、人間的成熟というものだろうと思います。

最近わたしは、日本人が「倫理感」と言うものを、忘れ去ってしまったかのような残念な気持ちになることがあります。特に、最近の権力に近いところにいる政治家、官僚、職業人たちに、それを感じることが多いのです。彼らの行動規範は、「損得」であり、「倫理」ではありません。

「決別」しなければならないのは、様々な損得勘定に支配された弱い自分自身です。

本稿の冒頭でご紹介した詩の中で、岩田宏はギョウザにニンニクをいっぱい詰めて、「二皿でも三皿でも」食べることで、弱い自分と「決別」しようとしました。彼は、少年時代に自分と仲良しだった朝鮮人のリイ君との関係が見え始めたそのときに、口をパクパクさせて「朝鮮くさい」と叫ぶふりをすることで、リイ君と「決別」したのですが、後年自分の行為を恥じ、それに正面から向き合うことで、過去の自分自身と「決別」したのです。

人が他者の存在を認め、同じ世界の住人として尊厳の眼差しを向けることができるためには、自分の弱さに気づき、それを自分で認める必要があります。それが、自立ということであり、「倫理」とは、そうした自己省察を経て自立した人間の内部に宿るものだろうと思います。倫理的に考えることができたとき、初めて、在日朝鮮人が日本に暮らしているのは彼らのせいでもないし、在日米軍が日本に駐留しているのは、ひとりひとりの在日米軍兵士のせいでもないということを理解できるのではないでしょうか。つまり、過去の政治的関係が個人の内面に与えた優越意識や劣等意識がほとんど意味のないものであることを自覚することができるということです。強がって見せること、自分が被害者であるかのように言いつのるものは、自分の弱さを直視し、それを克服できないために、ついに自分の内部に「倫理」を育てていくことができなかったのだと言っておきたいと思います。

犀の教室
Liberal Arts Lab

街場《まちば》の日韓論《にっかんろん》

2020年4月25日　初版

編　者　内田樹
著　者　平田オリザ、白井聡、渡邊隆、中田考、小田嶋隆、鳩山友紀夫、
山崎雅弘、松竹伸幸、伊地知紀子、平川克美

発行者　株式会社晶文社
東京都千代田区神田神保町 1-11 〒101-0051
電　話　03-3518-4940（代表）・4942（編集）
U R L　http://www.shobunsha.co.jp

印刷・製本　中央精版印刷株式会社

ISBN978-4-7949-7040-4 Printed in Japan

街場の平成論　内田樹 編
平成の30年は、日本の国運が「隆盛」から「衰退」へと切り替わる転換期だった。この間に生まれた絶望と希望の面を、政治・社会・宗教・科学などの観点から回想するアンソロジー。

日本の覚醒のために　内田樹
グローバリズムに翳りがみえてきた資本主義末期に国民国家はどこへ向かうのか？　宗教が担う役割は？……日本をとりまく課題について、情理を尽くして語った著者渾身の講演集。

転換期を生きるきみたちへ　内田樹 編
世の中の枠組みが大きく変わる歴史の転換期に、中高生に向けて「これだけは伝えておきたい」という知見を集めたアンソロジー。知恵と技術がつまった、未来へ向けた11のメッセージ。

原子力時代における哲学　國分功一郎
なぜハイデッガーだけが、原子力の危険性を指摘できたのか——。知られざるテキスト「放下」を軸に、ハンナ・アレントからギリシア哲学まで、技術と自然をめぐる哲学講義録。

ふだんづかいの倫理学　平尾昌宏
人生の局面で判断を間違わないために、正義と、愛と、自由の原理を押さえ、自分なりの生き方の原則を作る！　人生を炎上させずにエンジョイする、〈使える〉倫理学入門。

子どもの人権をまもるために　木村草太 編
子どもの権利はほんとうに保障されているか。子どもたちがどんなところで困難を抱え、なにをすればその支えになれるのか。「子どものためになる大人でありたい」と願うすべての人へ。

「移行期的混乱」以後　平川克美
人口減少の主要因とされる「少子化」はなぜ起きたのか？　そもそも少子化は問題なのか？　日本の家族形態の変遷を追いながら、人口減少社会のあるべき未来図を描く長編評論。